手賀 洋一 [著]

メディアとジャーナリズム

三恵社

はじめに

　本書は学部の1〜3年生を読者として想定している。私たちの社会認識は、直接に見聞きできる身の回りの出来事を除けば、マスメディアやインターネットを通じて伝えられる情報をもとに形成される。

　学修でも実社会で仕事をする上でも、現代社会の基礎的な知識と、民主主義社会でメディアやジャーナリズムが果たす役割を理解することは必要だ。

　マスメディアの報道には一定の偏りがある。記者や編集者によるニュース価値判断が伴う以上、完全に客観的であることはできない。しかし、テレビや新聞はある程度均質な情報を国民に届け、社会の共通認識を育んできた。ソーシャルメディア（Social Media, Social Networking Service= SNS）が普及した今、パーソナライズ化され自分に心地よい情報に接する機会ばかりが増えた。活字メディアは衰退し、テレビ業界も安泰とは言えない。私たちを取り巻くメディア環境は大きく変わった。

　SNSは、誰もが自由に自分の意見を表明することを可能にした。気にいらないメディアを「マスゴミ」と攻撃する投稿も溢れる。マスメディア側にも落ち度はあった。誤報や虚報、集団加熱取材（メディア・スクラム）など不適切な取材は、ジャーナリズムの規範を逸脱しているとメディア不信を深めた。

　だが、異論は「ゴミ」と決めつけて耳を貸さず、感情的に攻撃する風潮は、さまざまな意見の存在を認め、熟議による妥協を不可欠の要素とする民主主義にとって危険な兆候だ。現実の社会は複雑であり、善悪も真偽も簡単には決められない。

　複雑な現実社会を単純化して正邪を断言してくれる言説は、わかりやすく魅力的だ。複雑で思い通りにいかぬ世の中に戸惑い、手軽な解決策を求める人は、断言の度合いが強ければ強いほど、そうした言説に魅かれる。書店にいけば、「マスコミが伝えない真実」、「これで確実に痩せられる」、「損せず確実に儲かる」、「1日15分で英語は話せる」といった類の本が並ぶ。本当に、確実に儲かる方法や1日15分で英語が話せる方法があればいいとは思う。

人は正しい情報より、信じたい情報を信じる傾向がある。価値観が多様化した社会で「何が正しいのか」判断するのは難しい。だが、生きていくには暫定的に「何が真実に近いのか」を不断に判断し続けていかなければならない。

　正確な知識は実社会を生き抜いていく武器になる。信頼に値する情報を手に入れるのが第一歩になる。ジャーナリズムの世界では一般論、抽象論は好まれない。この本では、なるべく多くの具体的エピソードを取り上げるよう心がけた。

　一部の章末にコラム風の囲み記事を付し、本文の理解に資するプラスアルファの情報を記した。こちらにも目を通して欲しい。

手賀　洋一

目次

第1章　フェイクニュースの氾濫

1.「フェイクニュース」と「ポスト真実」

　2016 年、「フェイクニュース（Fake News）」という言葉が世界的に注目された。この年の 11 月、アメリカ政界のアウトサイダーだったドナルド・トランプが第 45 代大統領に決まった。政治にある程度のウソはつきものだが、根も葉もないウソを堂々と主張する異形の新大統領誕生に世界が驚愕した。グーグル・トレンドによれば、英語圏で同月初め「Fake News」の検索数が急増した。想定外の結末[1]は、フェイスブックやツイッターなどの SNS を通じて拡散された数多くのフェイクニュースが有権者の判断を左右したのではないかと言われた。

　オックスフォード英語辞書は 2016 年の言葉に「ポスト真実（Post-Truth）」を選んだ。「ポスト真実」は、真実より感情や個人的な信念が影響力をもつ状況を指す。トランプは「オバマはケニア生まれ」「ヒラリーはイランに武器を送っている」など明らかなウソを繰り返したが、米国民は政治経験の豊富なヒラリー・クリントンよりトランプを選んだ。事実かどうかより、自分が信じたいことを「真実」とする社会が現実化した。

　トランプの大統領就任式後、ホワイトハウスのショーン・スパイサー報道官は「トランプ大統領の就任式は史上最高の人出だった」と述べた。ロイター通信が直後に配信した 8 年前のオバマ大統領就任式との比較写真を見ると、人出がはるかに少ないのは一目瞭然だ。「なぜウソを言うのだ」と、テレビのキャスターに追及された大統領顧問ケリーアン・コンウェイは「もう一つの事実（Alternative Fact）を伝えたのだ」とスパイサーを擁護した。キャスターは「オルタナティブ・ファクトはファクトではない。虚偽だ」と反論した。

　トランプ以後、明白な虚偽がインターネット掲示板や SNS から、米政界の中央に進出し、「真実」を名乗るようになった。フェイクニュースは、民主主義の政治過程に対する重大な脅威と認識されている。

　1　米メディアの事前予想は圧倒的にヒラリー有利だった。日本の外務省有識者会議も、ヒラリー・クリントン大統領を前提に、経済提言書案を作成していたという。

米大統領選の直前、SNSで「ローマ教皇がトランプ支持を表明した」というフェイクニュースが流れ、100万回以上シェアされた。民主党とヒラリーを貶め、トランプを応援する多数のフェイクニュースが流れた。

　こうしたフェイクニュースの発信源が、北マケドニア（当時の国名はマケドニア）の人口5万5000人のヴェレスという小さな街だ。ヴェレスの若者は当初、ヒラリー・クリントンの応援サイトを作ったが、誰も見てくれない。トランプ応援サイトに変えると、アクセスが増え、広告収入が入るようになった。当時のマケドニアの失業率は20％台。若者には仕事がない。ある若者がフェイクニュースサイトで大金を稼ぎBMWを買ったと噂話が広がると、トランプ応援サイト作りがブームになった。バズフィールドによると、大統領選直前、街には100以上のトランプ支持サイトがあった。

　マケドニア発のフェイクニュースは当初、若者の小遣い稼ぎが原因だと思われた。しかし、その後の調べで、マケドニアのメディア企業の弁護士と数人のアメリカ人が大統領選期間中、フェイクニュースサイト作りに関与していたことが判明した。政治的な意図でフェイクニュースブームが人為的に作り出された可能性が浮かびあがった。

　大統領選の翌月には、ネット上のフェイクニュースを信じた男による発砲事件が起きた。当時28歳の男は、ヒラリーや民主党幹部が児童虐待や人身売買に関与しており、首都ワシントンのピザ店「コメット・ピンポン」がその邪悪な組織の拠点だというSNS上のフェイクニュースを信じ込んだ。発砲時、店内に幸い客は誰もおらず、犠牲者はなかった。

　米捜査当局の調べによれば、ロシア政府傘下のハッカー集団がクリントン陣営の選対幹部のメールをハッキングし、ネット上に公開したのが事件の発端だ。ヒラリーを敵視する右翼サイトが、このメールに目をつけ、民主党とヒラリーが児童買春組織に関与しているというネット上の根も葉もない噂話とピザ店を結びつけた。デッチあげられたフェイクニュースにはおどろおどろしい性的虐待映像が加えられ、右派サイトを通じてSNSに拡散、ツイッターだけで100万回以上シェアされた。

　ピザゲートと呼ばれるこの事件後、米調査会社「パブリック・ポリシー・ポーリング」が1,224人の有権者に対して世論調査を行った。ヒラリーは犯罪行為に

関与しているかと問われたアメリカの有権者の９％が「関与していると思う」と答えた。トランプ支持者に限ると、14%がこのウソを信じた。

　ロシア政府傘下のトロール部隊[2]は、2016年米大統領選でSNS上に数千の架空アカウントを作り、トランプを応援した。フェイスブックは１億人以上の米国民がロシア人グループの投稿を目にした可能性を認めている。

２．SNSデマの犠牲者

　2018年8月29日、メキシコ中部のアカトランという田舎町で、買い物に来た無実の男性２人が地元住民に焼き殺される事件が起きた。町では当時、人身売買グループが子供たちを次々と誘拐し、殺害しているというデマが拡散していた。

　被害者のリカルド・フロレス（当時21歳）と叔父のアルベルト・フロレス（当時43歳）はこの日、井戸をつくる資材を買うために町を訪れた。たまたま、路上飲酒をしているところを、警官に見とがめられ警察署で事情を聞かれた。

　その時、住民の誰かが、２人の車の中に鎖があるのを見つけた。その人物は、鎖があるのを根拠に「誘拐犯はここにいる」と二人を誘拐犯と決めつけ、SNSを通じて、警察署に来て犯人に制裁を加えるよう呼びかけた。警官たちは、彼らは誘拐犯ではないと繰り返し説明したが、興奮した群衆は聞く耳を持たず、警察署から２人を引きずり出し殴る蹴るの暴行を加えた末、ガソリンをかけ生きたまま焼き殺した。

　集団リンチを扇動した男、二人を焼殺する映像をネットでライブ配信した男など数人が警察に逮捕された。SNS上の「フェイクニュース」に起因する殺人事件は、インドなどでも起きている。

　日本では殺人事件は起きていないが、SNS上のデマで被害を受けた人は少なくない。

　2019年の常磐道のあおり運転事件を覚えているだろうか。同年8月10日、茨城県の常磐道守谷ＳＡ付近で、大阪府在住のあおり運転の常習男が、高速道の真ん中で後続の車を止め、殺すぞと恫喝しながら、ドライバーに暴行を加えた事件

　2　トロール部隊とは一般に、インターネット上で誹謗中傷の書き込みや投稿を繰り返す集団を指す。

である。暴行の一部始終は、被害者のドライブレコーダーに記録され、マスメディアで大きく報道された。

2016 年の JAF 調査によれば、あおり運転された経験のあるドライバーは54.5％に上る。あおり運転は以前から、たびたびメディアで取り上げられていたが、暴行のリアルな映像のインパクトは大きかった。多くの人が、自分もいつあおり運転の被害にあうか分からないと危機感を抱いた。事件後、ドライブレコーダーの売れ行きが急増し、2019 年 7〜9 月期の出荷台数は前年同期比 50％以上伸びた。ドライブレコーダー映像が犯人検挙の決め手になったことから、抑止効果を期待する購入者が多かった。

政府は事件を機に、道路交通法を改正して、あおり運転罪を新設した。急ブレーキ、幅寄せなど 10 類型の危険行為を行った者は、5 年の懲役または 100 万円の罰金を課される。改正法は 2020 年夏に施行された。

あおり運転する人物は敵意帰属バイアスと呼ばれる認知の歪みがあることが多い。相手の行為は敵意や悪意から生じたと捉える心理的傾向のことだ。こうした傾向のある人物は、他人の行動に過敏に反応し、すぐに攻撃的な行動に出る。

あおり運転は危険な犯罪行為だが、ここでの問題は、その後にネットで拡散されたデマによる二次的被害である。ドライブレコーダーの映像によって、あおり運転・暴行男は身元が特定され、すぐに指名手配された。ネット上で盛り上がったのは、あおり男と一緒にいるガラケーを持つ女は誰か、だった。

「暴行男に協力するこのガラケー女は誰だ」。ネット上で犯人捜しが過熱し、無実の女性を犯人だと思い込んだ人々によって、事件と全く無関係の女性が犯人と決めつけられ、ネット上でさらし者にされた。

被害にあった女性は「ある日起きたら、自分が犯罪者にされていた」という。経営するデザイン会社には嫌がらせの電話やメールが殺到し、業務に支障がでた。デマを妄信し、情報を拡散したのは、豊田市の市会議員、会社経営者、大学生などさまざまな人々だった。豊田市の市議には民事裁判で損害賠償が命じられた。拡散に加担した大学生は新聞の取材に、あおり運転は絶対許されないという正義感に駆られてやったと語った。

人々はなぜ、簡単にデマを信じ込み、振り回されるのか。共通するのは、メディアリテラシーの欠如である。情報の発信源を確かめず、たまたま目にした一つの

情報だけを信じ込む、あるいは事実を軽視して面白半分に信憑性の低い情報を拡散する思慮のなさである。

３．拡散「面白いから」40％

　総務省の調査によると、ＳＮＳで情報を拡散する人の40％は「面白いから」だ。「信憑性が高い」からは23％に過ぎない。

　そもそもリツイートする人の約6割は元原稿を読んでいない。新聞の見出しだけを読んで、井戸端会議に加わる感覚に近い。リツイート数、シェア数、閲覧数の多寡は、情報の信憑性の指標ではない。発信源のわからない情報は、信用性を評価することができない。検証の方法がない情報は、信用できないと考えるべきだ。

　世の中には「世間を騒がせたい」「注目を集めたい」という思いで、虚偽情報を発信する人もいる。2015年4月14日の熊本地震直後、ツイッターに「おいふざけんな、地震のせいで　うちの近くの動物園からライオン放たれたんだが　熊本」という投稿があった。投稿には、ライオンが市街地を歩く写真が添えられていた。写真をよく見ると、信号機やネオンサインが日本のものとはかなり違っている。南アフリカの最大都市ヨハネスブルグで撮影された映画のワンショットだった。

　地震後の不安心理の中で、投稿を本気にした人も多かった。熊本市の動植物園には、市民や報道機関から問い合わせの電話が100件以上殺到し、職員が対応に追われた。投稿したのは当時20歳の神奈川県在住の男だった。自分の投稿のリツイートが2万件になったと喜んだが、のちに偽計業務妨害容疑で逮捕された（不起訴処分）。

　2013年は、バカッターやバイトテロと呼ばれる行為が注目を集めた。バカッターは、バカとツイッターを合わせたネット用語だ。アルバイト店員がコンビニの冷蔵庫の中に入ったり、床に落とした魚を調理台に戻したりする映像を投稿し、バイト先の信用を傷つけ、企業業績にも影響を与えた。店員は匿名性を過信し、悪ふざけで投稿したのだろうが、文章や画像から犯人探しが行われ、特定された投稿者が解雇されただけでなく、時にはバイト先の企業から損害賠償を求められるケースもあった。バカッターは「ネット流行語大賞2013」の4位に選ばれた。最近は、バカッターの舞台がインスタグラムに移ったために、「バカスタグラム」

という言葉も生まれた。

　LINE のような仲間うちのクローズドな SNS と違い、ツイッターやインスタグラムはよりにオープンな SNS だ。設定次第で友人や家族だけでなく、見ず知らずの一般ユーザーにも情報が公開される。匿名投稿であっても、反社会的な投稿や誹謗中傷をすれば、写真に写り込んだ情報などから個人が特定され得る。情報の公開範囲を広げるほど責任も伴う。「炎上」を避けるには、正しい情報を、節度を保った適切な表現で伝えることが大切だ。

４．インフォデミック

　2020 年春以降の新型コロナのパンデミックでは数多くのデマが飛び交った。多くの人の記憶に残っているのは「トイレットペーパーがなくなる」デマだろう。

　トイレットペーパーの原料を中国に依存している、という理由が添えられていたが、全くのウソだった。だが、デマは虚偽だと分かれば、終息するわけではない。今回のトイレットペーパー騒動では、マスメディアがデマ投稿を否定する報道を行うようになってから、パニック買いが加速した。

　トイレットペーパーはほとんど国産で、中国からの輸入はわずか 1.3%に過ぎないが、テレビや新聞が SNS の噂を取り上げて、デマの存在を広く拡散させ、トイレットペーパー不足を心配した人々が買いだめに走った。1973 年の第一次オイルショック時のトイレットペーパー買占め騒動と同じ構図だ。

　トイレットペーパーは日常生活に欠かせない。いくら虚偽とわかっても、現実に店頭から商品が消えるのを目の当たりにすると、我もと買い占めに走るのはやむをえない面がある。デマは不安心理を醸成し、社会のネガティブな反応を引き起こす。

　パンデミックに関しては、ほかにも数々のデマが拡散した。「30 度のお湯を飲むと予防になる」「納豆を食べると予防になる」「花こう岩がウイルスを殺す」「5G の電波が感染拡大を招く」。根拠のないデマが出回った。

　世界保健機構（World Health Organization＝WHO）は、正しい情報と不正確な情報が混ざり合い、信頼できる情報が見つけにくい状態をインフォデミック（infodemic）と呼び、注意を呼びかけた。インフォデミックは、information と epidemic を組み合わせた造語である。

　パンデミック抑止策の大きな障害となったのが、反ワクチン団体が流布した「ワクチンを打つと不妊になる」といった偽情報である。

　ワクチンが人体に有害だというデマは、コロナ以前から欧米で繰り返し語られてきた。中でも「麻疹（はしか）などを予防する MMR ワクチンが自閉症を引き起こす」というデマが有名だ。2015 年、米国で麻疹が流行した。大きな要因が反ワクチン運動だった。接種率の低い地域で感染者が目立って増えた。デマの発信源は英国の元医師だ。彼は英医学誌に 1998 年「予防接種が自閉症の原因になる」との論文を発表した。その後、データ捏造が発覚し、論文も医師免許も取り消されたが、米国では今なお信奉者が多い。

　日本も対岸の火事ではない。2021 年 9 月 12 日の読売（大阪版）によれば、同年 7 月にコロナパンデミック下の名古屋市で開かれた反ワクチン講演会には、会場の収容定員いっぱいの 800 人が詰めかけた。登壇者が「ＰＣＲ検査はインチキ。世界にコロナの存在を証明するものはない」「ワクチンを打つと遺伝子が改変される」など公的機関が否定する誤情報を繰り返したが、会場は大きな拍手に包まれたという。

5．社会をつなぐSNS

　ここまで SNS の「影」の部分に触れたが、SNS が社会にもたらしたメリットは非常に大きい。SNS は遠く離れた見ず知らずの人々をつなぎ、自由で双方向のコミュニケーションを可能にした。マスメディアが情報発信を独占する時代は終わり、SNS を使えば、誰もが手軽に情報を発信することができるようになった。ネット空間の情報量も飛躍的に増大した。

　2019 年 10 月、台風 19 号が伊豆から東北南部に至る広範な地域を襲い、数多くの河川の堤防が決壊し、100 人近い住民が亡くなった。この時、長野県の千曲川流域では堤防決壊後の水害で多数の住民が孤立した家に取り残されたが、ツイッター投稿のおかげで、救助されたケースが 50 件あった。

　2011 年の東日本大震災の際も、インターネット掲示板が連絡の取れない家族の安否確認の場として活用された。中東では同時期、自由を求める市民が SNS でつながり、独裁政権に反対するデモを各地で組織した。チュニジア、エジプト、リビアなどの長期独裁政権を打倒した「アラブの春」と呼ばれる民主化運動である。

2022 年のロシアのウクライナ侵攻では、ウクライナ国民が SNS を通じロシア軍の動きを共有し、国土防衛と住民避難に役立てた。ロシアの残虐行為の映像を次々と発信し、「平和維持活動だ」というロシアの嘘を暴き、戦争犯罪の証拠を積み上げている。グーグル、ツイッターなどアメリカ資本のメディアプラットフォーマーは、RT（Russia Today）やスプートニクなどロシア政府系のプロパガンダ機関の情報配信を停止し、フェイクニュースの拡散防止に努めるようになった。

【ドナルド・トランプ】

　ドナルド・トランプは父親の跡を継ぎ、不動産ビジネスで成功を収めた著名人で、ホテルのオーナー役で映画「ホームアローン」に出演したこともある。だが、全米に名を知られるようになったのは、2004 年に始まった視聴者参加型テレビ番組「アプレンティス（The Apprentice）」の司会者になってからだ。アプレンティスは英語で「見習い社員」の意味だ。参加した視聴者は見習い社員として与えられた課題に挑み、最後にトランプの審判を受け、評価が低いと「お前は首だ（You're fired）」と宣告される。この台詞は流行語になった。

　トランプは大統領になるまで政治実務の経験はない。2000 年の米大統領選予備選で「改革党」候補に名乗りを上げたが、党内のいざこざで早々に撤退した。2015 年 6 月共和党予備選に名乗りを挙げたときも、メディアの多くは色モノ的な泡沫候補として扱った。

　しかし、有名人のトランプが「メキシコ国境に壁を作り、建設費をメキシコに負担させる」などと過激な主張を繰り返すと、メディアは頻繁にトランプを取り上げた。トランプは、暴言と挑発がメディアの格好のネタになることを熟知していた。メディアもトランプの暴言を視聴率アップに利用した。米 3 大ネットワークは、トランプ陣営の選挙集会の報道にヒラリー陣営の 3 倍の時間を割いた。3 大ネットワークの一つ CBS の会長は 2016 年、トランプ現象について「街にサーカスがやってきたようなものだ。アメリカにとっては良いことではないかもしれないが、メディアとってはいいことだ」と発言し、批判を浴びた。

　トランプは、ロナルド・レーガン大統領のフレーズ「アメリカを再び偉大に（Make America Great Again＝MAGA）」を気にいり、選挙スローガンに掲げた。トランプは大富豪だが、鋭い嗅覚で既成政治やメディアに対する白人労働者層の不満をくみ取った。グローバル化の恩恵が受けられない労働者階級に向けて、反自由貿易政策や移民規制を打ち出し、ジェブ・ブッシュなど主流派候補を押しのけて、共和党大統領候補に選出された。

　本選でも「クリントンのような政治家の間違った判断のせいで、この国は苦しんでいる」「ヒラリーはうそつき」と、既成政治家が中産階級を衰退させていると主張した。貧困層転落を恐れる労働者層は、虚偽発言やセクハラ問題に目をつむり「何かをやってくれそうな」トランプに期待した。

第2章　SNS時代のメディアリテラシー

1．多義的なフェイクニュース

　「フェイクニュース」の語は広く知られるようになったが、統一的な定義はない。非常に多義的で、この言葉の使用は望ましくないとの見解も最近は有力だ。「フェイクニュース」の定義を巡る議論は、第11章で詳しく検討する。ここでは簡単な説明にとどめる。

　英国コリンズ辞書は、フェイクニュースを「虚偽の、しばしば扇情的な、ニュース報道を偽装して拡散される情報（false, often sensational, information disseminated under the guise of news reporting）」と定義する。朝日新聞の記事データベースは「虚偽の情報でつくられたニュースのこと。主にネット上で発信・拡散されるうその記事を指すが、誹謗（ひぼう）・中傷を目的にした個人発信の投稿などを含む場合もある」と解説する。統一的な定義はないものの、「フェイクニュース」は主にネット上に流通する、ニュース体裁の虚偽情報ないしは悪意ある情報を指すものと一般に理解されていると言える。

　ただ、フェイクニュースは、政治家が自分に批判的なメディアを攻撃する際のレッテルとして利用されるようになった。欧米では偽情報（Disinformation）と言い換えられることが多い。日本では、フェイクニュースはかなり浸透しているが、ディスインフォメーションはほとんど通じないだろう。本書では以後も「フェイクニュース」と「偽情報」を、欧米で定着しているDisinformationとほぼ同じ意味で使う。

2．メディアリテラシー

　SNSの普及で、私たちが入手できる情報は飛躍的に増えたが、フェイクニュースも急増した。情報の真偽を見極める力が以前にもまして求められる。大学生にとっても、メディアリテラシー（Media Literacy）について考えることが以前にも増して重要になった。

　メディア（Media）は英語Mediumの複数形で、「媒介、中間」を意味するラテン語に由来する。日本語にすれば「媒体」である。

　メディアは新聞、テレビ、ラジオ、雑誌のマスコミ4媒体の総称として広く使われているが、他にもさまざまな意味合いで使われる。ネット時代は、ヤフーなどのポータルサイトやツイッターなどの SNS 企業もメディアとして捉えられるようになった。広い意味では、言語や文字からスマホなどのデジタル機器まで、情報を媒介する一切を指すこともある。

　リテラシーは日本語にすると、「識字」つまり読み書き能力だ。近年は、「コンピューターリテラシー」「金融リテラシー」など、特定領域についての基礎知識を身につけ、それを活用するスキルの意味でも使われている。

　メディアリテラシーの定義もさまざま[1]だが、一般に「メディアの伝える情報を批判的に判断・活用し、それを通じてコミュニケーションを行う能力」（広辞苑）と理解されている。

　ブリタニカ国際大百科事典は、ネット時代に合わせ「新聞、雑誌、ラジオ、テレビなど既存のマスメディアのほか、インターネットを通じた新しいメディアの比重も高まっている。メディアの特性を理解して使いこなす複合的な能力」と定義する。インターネットを含めて、多様なメディアの特性を理解し、その情報を批判的に読み解き、論理的に考え、メディアを活用することだといえる。決して、マスメディアの粗探しをして、攻撃することではない。

　メディアリテラシーの向上には、まず複数のメディアに接する機会を作ることが出発点になる。さまざまなメディアの特性と現代社会の基本的な知識を身につける必要がある。

　メディアは情報収集の道具である。大切なのは「考えるための材料」になる情報の質だ。むやみにジャンク情報を集めても、正しい理解と判断から遠ざかる。日々進化を続けるネットメディアを含め、さまざまなメディアの性質を知り、上手に付き合い、より正確な情報を入手する方法を身につけたい。

　新聞通信調査会の 2021 年「メディアに関する世論調査」によれば、メディアごとのニュース接触率は、全世代では民放テレビが最も高く、2 位が NHK テレ

　1　アメリカ・カリフォルニア州の教育機関 Center for Media Literacy は次のように解説する。「メディアリテラシーは 21 世紀の教育のアプローチである。印刷からビデオ、インターネットまでさまざまな形式のメッセージにアクセス、分析、創造、作成、参加する枠組みを提供する。メディアリテラシーは民主主義社会において、市民がメディアの社会的役割を理解し、探究と自己実現の基本的スキルを構築するものである」。

ビ、3 位インターネットの順だった。40 代はインターネットが 1 位になった。ネットニュースを見るサイトを質問したところ、ポータルサイト（Yahoo!、Googleなど）が 81.8％と突出するが、SNS（LINE、Twitter、Facebook など）も 36.6％に上った。

　マスメディアの情報も不正確なことがしばしばある。多重的チェックをしているはずだが、リアルタイムのニュースを扱う以上、間違いをゼロにすることは出来ない。これに対し、SNS の情報は基本的に誰のチェックも受けない。発信者は自分の見解を自由に投稿できる。投稿にあたり、第三者が真偽を確認することも主張の根拠を問うこともない。

　誰もが情報を発信できる空間の創出は、社会に革命的な便益をもたらしたが、一方で誹謗中傷や他人を操ろうとする悪意ある「フェイクニュース」を大量に招き入れた。SNS が有害情報の溜まり場となる事態も生じている。SNS の利用にあたっては、情報発信元を確かめ、信憑性を検討する作業が欠かせない。

3．フィルターバブル

　インターネットは、調べたいトピックを入力すれば、世界中から関連情報を引き出すことができる。事典や書籍で調べるより格段に速く便利だ。最新のニュースも、SNS がリアルタイムで配信してくれる。

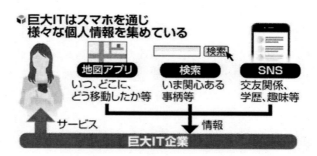

読売新聞　2019 年 11 月 28 日朝刊より

　だが、そのシステムには陥穽がある。このことを指摘したのが、インターネット活動家のイーライ・パリサーである。パリサーは、グーグルの検索エンジンやSNS のＡＩには、個人ごとに最適と思われる情報を選別するフィルター機能があ

るとして、このフィルターに囲まれた状態を「フィルターバブル（Filter Bubble）」と呼んだ。ネット上にはあらゆる情報がある。しかし、入手する情報は自分が検索したものか、ＡＩが選んでくれたものだ。人はネット上で、自分の過去の検索や行動履歴に基づくフィルターに包まれた状態にあり、フィルターを通過する情報は、AIが個々人に最適と判断したものだけだ。

　英国のケンブリッジ辞書は、フィルターバブルを「すでに信じていることや好きなことを支持するニュースや情報だけを、聞いたり見たりする状況（a situation in which someone only hears or sees news and information that supports what they already believe and like）」と定義する。

　個人の先有傾向や関心に合わせパーソナライズされた情報しか入ってこなくなると、本来は便利なはずのフィルターが、関心の幅を広げる機会を奪い、自分と異なる意見に接触することが少なくなると懸念される。

　私たちのスマホやパソコンに表示される情報は、私たち個人の過去の検索履歴や位置情報によって変わってくる。同じ場所で同じ検索ワードを使っても、表示されるニュースは「私だけのニュース（The Daily Me[2]）」であって、他者が見ているニュースとは違うかも知れない。

　インターネットはかつて、企業ジャーナリズムの宿命ともいえるメディアごとのニュース価値の壁を克服するものと期待された。しかし、今は情報のパーソナライズ化を進め、個人を狭いたこつぼ的な情報空間に閉じこめる恐れが指摘されている。

　Yahoo!ニュースのように、配信するコンテンツを「編集部員が『公共性』と『社会的関心』などを軸として選定」するネットメディアもあるが、ネットメディアの品質改善は緒についたばかりである。

---

　[2]　日本語にすれば「日刊自分新聞」。マサチューセッツ工科大のニコラス・ネグロポンテの造語で、個人が先有傾向に沿ってカスタマイズされたニュースにしか接触できない現象を指す。

第3章　ニュースとニュース価値

1. ニュースとニュース価値

　ニュースとは、公共性のある新しい出来事の記録である。広辞苑は「新しい出来事。また、その知らせ。報道。報知。特に新聞・ラジオ・テレビによる報道」とする。

　一般にはマスメディアが伝える情報のうち、事件・事故の報道などいわゆるストレートニュースを指すことが多い。新聞記事で言うと、出来事の背景をわかりやすく解き明かす「解説」を含む場合もある。出来事自体は古いことでも、世間に知られていないこと、埋もれていた事実の発見はニュースになる。古文書・遺物の発見などである。いずれも、メディアが社会に広く知ってもらう価値があると考える情報の伝達が目的だ。

　新聞・テレビなどのマスメディアは、一般の読者・視聴者を対象としている。社会のあらゆる分野のニュースについて、専門的な知識のない人が理解できる文章を書くことが求められる。特にストレートニュースは、重要なことから事実に基づき、簡潔に書くことが求められる。出来事の5W1H（いつ、どこで、だれが、何を、なぜ、どのように）がニュースの基本要素だ。ニュースに限らず、報告文全般に必要不可欠な要素といえる。報告や説明は、情緒的な記述を排し、事実をもって語らしめるのが理想である。

　世の中では日々、無数の出来事が起きる。そのすべてがニュースになるわけではない。個人のルーティンな生活上の出来事は通常、ニュースにはならない。個人や個々の家庭にとって一大イベントであっても、公的な関心を呼ばないものはニュースとは呼ばない。

　ニュースとして認識されるのは、特定の時代にある程度共有されている視点から、社会に伝えるべき価値があるとして選択された情報である。メディアが伝えることのできる情報は限りがある。テレビ局・ラジオ局には放送枠があり、新聞・雑誌にはページ数の制約がある。各メディアは一定の価値観に基づいて情報を取捨選択し、ニュースの重要性や視聴者・読者の関心を考慮して、何をどう報じるのか決めている。

　情報の取捨選択する以上、そこには一定の判断基準が存在する。報道の基本原則は「客観報道」と言われるが、特定の価値観に基づく選択が行われる限り、完全に客観的な報道は不可能だ。新聞社の意見である社説に限らず、ある出来事を文章化することは、出来事を解釈し評価する作業が必要になる。記者が見聞きしたことを、文字に移し替える段階で、書き手の主観が入ってくる。客観報道については第7章で再び取り上げる。

2．ニュース価値判断

　マスメディアは、社会に伝えるべきニュースの価値判断を行うので、ニュースのゲートキーパー（Gate Keeper、門番）だと言われる。各報道機関は、ニュース価値（News Value）はどう判断するのか。結論を言えば、ケースバイケースである。「これに従えば OK」というような明確かつ絶対的な基準はない。どんなニュースが起こるかは予測不能であり、基準を予め明文化しておくことはできない。ニュースの扱いは、その時々の社会情勢とニュースの多寡による相対的な判断である。筆者が勤務した新聞社の1日の紙面制作を例に、どのような過程を経てニュースが選ばれるのかを見ていこう。

　新聞社では朝夕の2回、編集局の各部が参加する「立ち合い」と呼ばれる編集会議が開かれる。立ち会いという名称は、編集会議が立ったまま行われた時代の名残だ。夕刊制作のための会議は朝9時半に、翌日朝刊制作の会議は夕方5時に開かれる。重大ニュースが起きた場合、新たな情報が入り次第、必要に応じ緊急会議が開かれる。

　新聞社によって編集局の組織に違いはあるが、全国一般紙の場合、どこも政治部、経済部、社会部、地方部、科学部、文化部など、取材対象別に担当部が決まっている。

　「立ち合い」を指揮するのは、編集局長の代理である局次長と整理部長（編成部長と呼ぶ社もある）である。整理部は原稿に見出しを付けたり、原稿を適当な長さに削って、紙面のレイアウトをする部署だ。

　「立ち合い」では編集局各部のデスク1名が当日の出稿予定を報告し、編集局全体で各部から出稿されるニュースの重要性を検討し、どのニュースを一面に掲載するか、それ以外の記事をどの紙面に割り振るかを決める。デスクとは、記者

たちの記事や見出しをチェックするベテラン記者で、各出稿部署の当日責任者である。

事件や事故が発生した場合、記者たちは通常、次のように考え行動する。

①個々の記者は、自らの判断あるいはデスクの指示で取材にいくかどうかを決める。

②取材を終えた記者は、他のニュースとの重要性や緊急度を比較し、その日のうちに記事を書き出稿するか決める。

③取材部デスクは、記者たちの報告内容と出稿された記事をみて、どれを優先して報じるか、ニュースの取捨選択を行う。

④当日の編集責任者である編集局次長は、整理部と協議し、どのニュースをどれだけの紙面スペースを割いて報じるか判断する。

新聞社は通常このように、現場記者から本社編集組織の各段階で、情報の確からしさやニュース価値の判断が行われる。すでに述べたようにニュース価値に絶対的な判断基準はないが、重視されるのが「驚き」の要素である。

誰も想定していなかった衝撃的なニュースは、読者・視聴者の注目を集める。社会に対する今後の影響も重要だ。ニュースの公共性と読者・視聴者の関心を探りながら、次のように複数の視点からニュース価値が検討される。

①ニュースの衝撃度、つまり「驚き」である。異常事態の発生は人々の耳目を集める。

②政治的・経済的・社会的な影響が大きいかどうか。

③社会における意見対立。社会的コンセンサスが成立している事柄は、改めてニュースとして取り上げられることは少ない。世論が割れている問題は、報道機関が議論の材料を提供する意義がある。

④ニュースが読者・視聴者にとって身近かどうか、つまり地理的な遠近だ。日本では、中国や韓国など近隣諸国のニュースに対する関心は高いが、アフリカや南米のニュースは身近とは言えない。

⑤世間の関心度も重要である。国内大手メディアは、公共放送の NHK を除

けば私企業である。視聴者・読者の興味をひかない情報が取り上げられることは少ない。ただ、一般の新聞社は、週刊誌や民放ワイドショー、ネットニュースと違い、芸能人スキャンダルなどのプライベート情報はあまり報じない。読者の関心は大切だが、社会的な意義、人権とのバランスが考慮される。

⑥写真や映像の有無も重要な要素だ。特に映像メディアであるテレビは、「絵」があるか否かがニュース価値を大きく左右する。

⑦新聞社の独自ニュースやキャンペーン。どの新聞社も、当局が発表した共通ニュースより自社だけのスクープ記事を重視する。他社が追随せざるを得ないような独自材は社内で高く評価されるし、新聞協会賞など権威ある賞の候補になる場合があり、続報を含めて大きな扱いになりやすい。その社が力を入れているキャンペーンや社論を補強するようなニュースも扱いが大きくなる傾向がある。

　ニュースの扱いは、その日の原稿量の多寡という社内事情にもよる。週末やゴールデンウィーク、お盆は官庁や企業が休みになり、いわゆる「発表モノ」のニュースがなくなる。新聞社では長期休暇中、ページ数が削減されるが、それでも紙面が埋まらず苦労することがある。

　そうなると、急いで報じる必要のない、過去のニュースの「まとめモノ」や、休日用に確保してあった「ストック原稿」、街の話題やトレンドを紹介する「話題モノ」の出番になる。

　単体のストレートニュースとしては大きな扱いにはならなくても、切り口を変えたり、類似のニュースと比較することで、新たな視点を提供する記事になる。ニュース閑散期は、普段の基準からみると、不相応に大きく扱われる記事もある。ニュース判断基準はあくまで相対的だ。

　ある時点でニュース価値が高いと考えられたニュースも、より重大なニュースが起きれば、紙面の片隅に追いやられる。

　2011年3月11日の東日本大震災で、新聞のニュース価値判断基準は大きく変わった。大震災直前、国会では当時の民主党政権幹部の外国人献金問題が野党の自民党から厳しく追及され、大きなニュースとして扱われた。前原外相（当時）

は、外国人から献金を受けたことが判明し、公職選挙法の規定に抵触するとして辞任に追い込まれた。

しかし、震災後は、菅首相が外国人から献金を受け取っていたことが判明したにも関わらず、献金問題への関心は急速にしぼんだ。空前の自然災害に際し、与野党間の政治休戦も成立した。

読売新聞　2011 年 3 月 7 日朝刊より

外相の外国人献金受領のニュースは一面トップだったが、首相の外国人献金受領は 7 面左脇に回された。もしも福島第一原発の爆発事故が同時に起きていれば、ベタ記事になっていたかもしれない。

死亡記事の扱いは、相対的な判断の例外とされる。死亡記事は、その人物に対する歴史的評価である。編集者は、死亡記事は日々のニュースの多寡で扱いを変えるべきではないと教えられる。もちろん、現実に重大ニュースが起きれば、大きなニュースがない日に比べると死亡記事のスペースは縮小される。しかし、ニュース価値判断の心構えとして、死亡記事の扱いは、他の記事とは独立して決めるべきだと考えられている。

読売新聞 2011 年
3 月 12 日朝刊より

新聞社の仕事は日々のニュースを伝えることだが、歴史的な資料を作っている側面もある。記録としての縮刷版を見た時に、変な価値判断と思われないようにしたいという思いが頭の片隅にある。

海外メディアほどではないが、日本の報道機関もネット上で激しく攻撃される

ようになった。リベラル系メディアは「中韓寄りの視点で日本を貶める報道ばかり」と、保守系メディアは「政府や財界の広報機関に過ぎない」と左右両極から偏向報道だと批判される。その一方で、「記者クラブ」制度[1]のせいで当局発表に依存した横並び報道との批判も根強い。

　新聞やテレビ局の記者はニュース価値を考えるとき、他社のニュースを参考にする。当局発表への依存は確かにあるが、業界が共有する一定の相場観・価値観によるところが大きい。とりわけ大ニュースであれば、扱いも見出しも似通ってくるのが普通だ。

　戦後の日本では、新憲法のもとで基本的人権の尊重、平和主義、民主主義などの価値観が国民に共有されている。改憲派メディアであっても、こうした価値観がニュース価値判断のベースにある。リベラル系、保守系の論調は一見かなり違うが、人権、平和、民主主義を否定するマスメディアはない。どのメディアも、利用者にある程度共通の情報を提供することで、社会が健全に機能するための共通認識を育んできたと言える。

3．新聞とテレビ

　企業としての新聞社と民放テレビ局の大きな違いは収益構造にある。新聞社は読者の購読料と広告の2つが収益の柱だが、民放テレビ局の収益の大半は番組スポンサーの広告料だ。当然、視聴率が取れないニュースは扱われにくい。

　民放キー局に勤務経験のある知人によると、バルカン半島や南米のニュースなど日本人にとって馴染みのない海外ニュースが取り上げられると、視聴率が急降下するのがわかるという。民放では、報道番組の視聴率が1分単位で表示される。記者が社会的に重要だと考えても、視聴率が取れないテーマは取り上げにくい。新聞も、読者が読んでくれる記事が望ましいのは当然だが、一般紙は定期購読者がほとんどであり、記者が個々のニュースの閲読率や紙面接触率を気にすることはあまりない。

　新聞は、購読者の高齢化・固定化に伴い、広告出稿が減少している。広告依存

　1　記者クラブ　官公庁や業界団体などを継続的に取材するため、大手メディアの記者が組織する任意組織。

度は低下の一途をたどる。広告媒体としての訴求力は到底、ネットに及ばない。企業としては危機的な状況だが、広告主への配慮が報道を歪めているとの批判は、少なくても新聞については的外れであると思う。

　民放テレビは、報道部門の記者が取材した情報を中心に構成されるニュース番組と、情報番組あるいはワイドショーとよばれる番組を区別して見る必要がある。

　もともとテレビ局にとって、ニュース番組は視聴率の取れないお荷物分野と見なされていた。深夜帯のニュース番組には、系列新聞社の翌日朝刊の記事を読み上げるだけのものもあった。

　しかし、テレビ朝日が 1985 年、TBS の人気歌番組の司会者だった久米宏をキャスターに起用した「ニュースステーション」（現・報道ステーション）を開始すると、わかりやすい解説と久米の独特なコメントが人気を呼び、報道番組でも視聴率が取れるとわかった。以後、各局ともニュース報道にも力を入れている。

　昼間のワイドショーは報道ではなく娯楽番組だ。芸能ニュースや生活情報のほか、政治・経済・裁判など硬派なテーマも取り扱うが、ニュースの質に疑問を感じることが少なくない。

　あるテーマについて、意見の異なる識者が議論を交わす討論番組はまだいいが、有名タレントが事実確認をせず思いつきで語っているだけのも少なくない。

４．ネット時代の変化

　インターネット登場以前、新聞社は取材・編集というニュースの上流部門から印刷・輸送、さらには契約販売店による宅配という下流部門まで一貫する垂直統合に近い産業だった。取材から放送まで一連の作業を行う放送局も同様だ。

　ニュースは、その日の紙面や報道番組の中で、パッケージ商品として価値を判断されてきた。マスメディアが情報のゲートキーパーであり、ニュース価値判断の主体だった。また、全国の隅々まで張り巡らされた新聞配達網、放送電波の許可制は、新規参入を困難にする障壁として機能した。

　しかし、インターネットが普及し情報のデジタル化が進むと、ニュースの流通コストは大幅に低下した。ヤフーなどのポータルサイト、検索エンジンのグーグル、SNS 大手のメタ（フェイスブックの運営企業）などのメディアプラットフォームが、マスメディアが取材したニュースを安く仕入れ、無料で配信するようになっ

た。

　メディアプラットフォームは、取材コストをかけず、印刷設備や放送整備を持たない。ニュース購入の対価も、取材コストに見合うものとはいえない。低コストで運営できるので利益率が高く、広告収入だけで十分な収益を上げている。

　新聞社やテレビ局は、メディアプラットフォームを介することで、ニュース価値判断の主導権を失いつつある。ニュースは、パッケージ商品だった紙面や番組とは関係なく、小分けされ、バラバラに配信される。新聞購読者、テレビ視聴者は減少が続き、ネットで興味あるニュースだけを見る人が増えている。ヤフーのように公共性のあるニュースを届けるポリシーを明確にしている企業はごくわずかである。

　かつてフェイスブックのマーク・ザッカーバーグ CEO は米議会の公聴会で「フェイスブックはプラットフォームであって、メディアではない」と述べた。しかし、フェイスブックは、2016 年の米大統領選を巡る「フェイクニュース」氾濫の舞台となったことで強い批判を受け、第三者の投稿内容を審査し、必要に応じて投稿の削除やアカウントの停止を行うようになった。好むと好まざるを得ず、巨大 IT 企業は、配信する情報内容に責任を追わなければならなくなっている。

【アメリカの二大政党】

　アメリカは、リベラルな民主党と保守系の共和党の二大政党制である。2022 年 10 月現在、上下両院はほぼ二大政党の議員で構成されている。改革党などの中小政党もあるが、国政への影響力はない。近年は 1992 年の大統領選で、大富豪のロス・ペローが第三の候補として、二大政党制に風穴を開けるか一時注目されたぐらいだ。

　民主党は、トーマス・ジェファーソンの民主共和党が起源の政党で、結党時は州権を重視する右派政党に位置づけられていた。20 世紀初頭まで南部保守層が支持基盤だった。フランクリン・ルーズベルト大統領がニューディール政策を取り入れると、「大きな政府」を志向するリベラル政党に変わった。現在は、東海岸・西海岸の大都市を地盤とする。

共和党は、第 16 代大統領エイブラハム・リンカーンが中心となって立ち上げた政党だ。1854 年に南部の奴隷制度に反対する北部の運動の連合体として結党された。リンカーンが 1860 年、同党初の大統領になって以来、世界大恐慌までは米政界で支配的立場にあった。当初、南部に奴隷解放を求める進歩的政党だったが、20 世紀半ばに、民主党と入れ替わる形で保守化し、支持基盤も北部から中南部に移った。1980 年、俳優出身のロナルド・レーガンが大統領になると、新自由主義（Neo Liberalism）と呼ばれる市場原理と規制緩和を重視する政策を採り入れた。国家の介入を極力少なくする「小さな政府」を志向する。

　民主党のビル・クリントンは 1993 年に大統領になると、共和党の新自由主義的な政策を取り込み、北米自由貿易協定（NAFTA）など自由貿易協定を進めた。共和党と民主党は、社会保障政策や銃規制で鋭く対立したが、経済政策は似通ったものになった。

　左派と右派の政策的な近接は、欧州でも見られた現象だ。有権者にとっては政策の選択肢が狭まり、不満が生じた。ポピュリズム台頭の大きな要因と指摘される。

	民主党 Democratic Party	共和党 Republican Party
シンボルカラー	青	赤
基本方針	リベラル、大きな政府	保守、小さな政府
政策の違い	弱者救済、環境重視	規制緩和、反銃規制、反中絶
主な支持層	都市部の高学歴層、低所得者層、労組	南部の保守白人層、キリスト教右派

第4章　新聞の構成と読み方

1．新聞の種類

　新聞には、政治、経済から文化、スポーツまで社会の出来事を網羅する一般紙と、スポーツ、芸能、犯罪を中心に扱うスポーツ紙、特定の産業のニュースに特化した業界紙・専門紙がある。一般紙のほとんどは日刊で、朝刊だけ・夕刊だけの一般紙もある。

　日刊一般紙は、配布エリアが全国に及ぶ全国紙と特定の地方に限定される地方紙がある。全国紙は通常、朝日、毎日、読売、サンケイ、日経の5紙を指す。日経は日本経済新聞という正式名称通り、経済ニュースが中心だが、政治や文化なども広くカバーしており、一般紙に分類される。

　全国紙の紙面は、全てが全国共通なわけではない。東京の本社が制作する紙面が中心だが、大阪や九州で発行される新聞は、地域色を出すために別途編集作業を行っている社が多い。日によっては、東京と大阪と九州でそれぞれの一面のトップが異なる日もある。

　沖縄のように、全国紙がほとんど浸透してない地域もある。新聞購読者の減少が続き、毎日やサンケイは九州南部、北海道の遠隔地ではほとんど購読されていない。すでに全国紙の名にふさわしくないとの指摘もある。

　地方紙は配布エリアの大小によって、ブロック紙、県紙、地域紙（コミュニティ紙）に分かれる。ブロック紙は、北海道のような広域や複数県にまたがって配布される新聞で、通常は北海道新聞、西日本新聞、中日新聞、東京新聞、河北新報、中国新聞を指す。

　県紙は特定の県単位で発行される。第二次大戦中、政府が「1県1紙」報道統制をおこなった結果、誕生した新聞が多い。沖縄と福島には例外的に県紙が2つある。

　地域紙は、県紙よりもさらにローカル色が強く、特定の市町村のみを配布エリアとしている。十勝毎日新聞、松本市民タイムズ、石巻日日新聞など多数ある。地域紙は、県紙以上にローカルニュースを重視する。ハイパーローカル紙と呼ばれることもある。

全国紙の一面が全国的な話題や国際ニュースを重視しているのに対し、地方紙は一面でも、その地方のニュースが優先される。通信社[1]が配信する全国共通ニュースより、自社取材のネタをトップに据える傾向が強い。

配布エリアによる新聞の区別

全国紙	全国的に販売されている新聞 読売新聞、朝日新聞、毎日新聞、日経新聞、産経新聞
地方紙	特定の地域を配布エリアをする新聞
ブロック紙	複数の県など広域を販売エリアとする 北海道新聞、河北新報、中日新聞（東京新聞）、西日本新聞
県紙	特定の県内が配布エリア 福島民友、千葉日報、神奈川新聞、上毛新聞、信濃毎日新聞など
地域紙	特定の市町村が配布エリア 十勝毎日新聞、函館新聞、石巻日日新聞、松本市民タイムズなど

２．新聞の構成

　学生に聞くと、新聞は読むにくいという。新聞特有の構成と約束ごとに慣れていないのだ。ほとんどの家庭が新聞を購読していた時代は、たまに紙面を広げてみることで、子どもでも次第に紙面構成や編集の作法に自然と慣れていくことができた。

　しかし、新聞購読率は 2008 年の 88.6％から 2021 年に 61.4％まで下がった。一世帯当たり部数は 1980 年に 1.29 部あったが、2021 年は 0.57 部に減った。新聞を一度も読んだことがない大学生も珍しくない。新聞離れは世界的な潮流で、歯止めをかけるのは難しい。

　活字メディアは高齢者のものになりつつあるが、新聞を読むメリットは残っている。特に学生にとっては、ある程度硬い文章を読む習慣をつける上で効果がある。ピンポイントで情報を探しに行くネット検索や、AI のアルゴリズムが閲覧履歴に従っておススメしてくる SNS のニュースと違い、今まで関心のなかった分野のニュースを偶然に目にして、興味の幅を広げる可能性がある。新聞の良さは掘

---

[1] 通信社は、国内外のニュースを集めて新聞社や放送局に提供する企業である。

り出し物（Serendipity）にある。

　新聞は、「朝日新聞」や「読売新聞」などの題字があるフロントページが一面だ。一面は、その新聞社が当日最も重要だと考えるニュースが集められる。一面右上に位置する記事は一面トップといい、その日の最重要ニュースである。多くの読者は、後ろのテレビ欄、社会面から読み始めるだろうが、一面の見出しには目を通して欲しい。

　欄外をみると、日付・ページ数とともに、「13 版」「14 版」の版立て、「総合」「経済」などその面のジャンルを示す表記がある。全国紙の多くは、12 版から14 版まで大まかにいって 3 つの版を制作している。12 版は遠隔地向けの新聞で締め切り時間が早い。14 版は最も遅いニュースを収容した最終版で、都内や大阪市、名古屋市など大都市に配られる。国政選挙など大きなニュースがある場合、15 版、16 版、17 版とさらに細かく版を分けて、明け方近くのニュースを収容することもある。

　東京と米ワシントンの時差は 13 時間ある。朝刊最終版でも、アメリカのニュースは現地午前のものしか入らない。海外発の大きなニュースは夕刊から入ることが多い。全国紙の夕刊はかつて 2 〜 4 版の 3 つの版立てだったが、現在は 3 版と4 版の二つに統合した社が多い。

　一面に入り切らなかったニュースは、編集会議を経て、二面、三面などの総合面や、中面と総称される「政治面」「経済面」「文化面」「スポーツ面」「社会面」などに振り分けられる。

3．見出し読者

　「見出し読者」という言葉がある。見出ししか読まない読者を指すややネガティブな言葉である。しかし、新聞を見慣れてくれば、見出しを読むだけで当日のニュースを短時間でざっと把握することができる。朝刊 1 日分の情報量は、新書1 冊分だと言われる。最近の朝刊は、広告が取れないので薄くなり、情報量が減った。それでも全ての記事を読むのは忙しい社会人には無理だろう。新聞社もそれは承知している。見出しだけ読めば、今日はどんなニュースがあるのか分かるようにしている。見出しは究極の要約であり、見出しを見て、その記事を読むかどうか決めればいい。新聞を読む上でとりわけ重要なパーツといえる。

見出しの著作権が争われた裁判で、東京地裁は 2004 年「見出しはありふれた表現で、格別の工夫が凝らされていないから、著作物とは言えない」と判示した。だが、100 行のニュースの要点、全体像を、10 文字から 20 文字程度に分解して表現するのは意外と難しい。見出しの大きさは、「ニュースの大きさ」を視覚的に表現している。長い原稿の中から、キーワードを選び、紙面全体における、ニュース価値を反映した形にするのは時間がかかるものだ。

　一般紙の紙面は、上下 12〜15 段の「段」と呼ばれる横軸で仕切られている。右の紙面の A の見出しはタテ 3 段分のサイズなので「3 段見出し」という。タテ長の見出しは通常 5 段から 1 段（ベタ）まであって、段数が多いほど大きなニュースであることを表している。B のように、タテ見出しの上に、ヨコ長の 1 段分の見出しがある場合もある。このヨコ見出

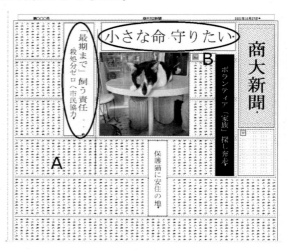

千葉日報 2021 年 10 月 27 日を元に筆者作成

しは「横トッパン」などと呼ばれる。タテ見出しの記事よりも、大きなニュースだ、と表現する場合に使う。

　次章の東日本大震災のような歴史的な大ニュースの場合には、紙面サイズヨコいっぱい 2 段分の分厚い横トッパンを使うこともある。見出しを大きくすればするほど、使える文字数は少なくなり、言葉の選択は難しくなる。

第5章　3.11 東日本大震災

1. 3.11 の巨大地震

　2011年3月11日午後2時46分、宮城県男鹿半島南東沖120キロ、深さ24キロを震源[1]とする巨大地震が起こり、約2分半で東西200㌔、南北500キロにわたる広い震源域の岩盤が崩れた。地震の規模を示すマグニチュードは国内観測史上最大の「9.0」。世界を見渡しても、これ以上の地震は、チリ地震（M9.5）、アラスカ地震（M9.2）、スマトラ沖地震（M9.1）しかない。

　震源域が岩手沖から茨城沖までにわたる広い領域だったため、大規模な地殻変動で生じた大津波が、東日本沿岸一帯を襲った。気象庁は地震後まもなく津波警報を出した。当初の津波予想は高さ3㍍。次に6㍍、最後には10㍍以上と段階的に引き上げられた。最初のニュースだけを見聞きした住民が安心してしまい、避難が遅れた可能性が指摘される。

読売新聞　2011年3月12日朝刊より

　1　震源　地震発生時、岩石破壊が開始した地点を震源、破壊された領域全体を震源域という。

津波が到達すると、高台へ逃げようとする車が次々と津波に飲み込まれた。テレビは、こうした空撮映像を繰り返し放送した。記憶がある人も多いだろう。犠牲者は 2022 年 3 月 11 時点で、死者 1 万 5900 人、行方不明者 2523 人、震災関連死 3786 人に上る。

　首都圏でも工場火災、一部建物の損壊、地盤の液状化が相次ぎ、少なからぬ犠牲者が出た。千葉県には最大 7.6 ㍍（推定）の津波が押し寄せ、死者・行方不明者は 22 人に上った。

　筆者は移動中の乗換駅に降り立った瞬間、震災に遭遇した。高架線路は揺れできしみ、金属音が響く。「私たち死ぬの？」と女子高生たちが悲鳴を挙げていた。駅舎倒壊の危険を感じたのか、利用客のほとんどが駅舎の外に出た。

　首都圏の鉄道は全面的にストップしたため、タクシーで勤務先の新聞社に向かった。到着した時、すでに新聞制作がスタートしていた。この新聞社では石巻支局、大船渡通信部、気仙沼通信部が水没し、仙台市内の印刷工場は輪転機が傾き使用不能となった。記者は全員無事だったが、新聞販売店では犠牲者が出た。

　鉄路・道路が寸断されたため、新聞の印刷開始時刻を通常より大幅に早めたが、津波の直撃を受けた被災地への輸送は絶望的だった。大阪、九州、北海道など全国各地から多くの記者が応援取材に派遣されたが、沿岸部を迂回しなければならず、現地入りに時間がかかった。

　災害報道の常だが、被害が大きければ大きいほど、初期はわずかな情報しか入ってこない。凄惨な現場では、被害連絡自体が不可能であり、救援部隊がルートを確保するのも難しい。事実確認が困難を極める中、各報道機関は、確かな情報を集めようと必死だった。

　大津波は、東京電力福島第一原発の事故を引き起こした。東電は、事故は想定外だと繰り返したが、社内では 2008 年のシミュレーションで、平安前期の 869 年に東北沖で起きた「貞観地震」と同規模の地震が発生すれば、高さ 15.7 ㍍の巨大津波が福島第一原発を襲う可能性があると報告されていた。産業技術総合研究所（産総研）も 2009 年、貞観地震で宮城、福島で内陸部 3 〜 4 キロまで津波が到達していたことから、第一原発の津波想定を見直すように求めたが、東電と原子力安全・保安院は対応を取らなかった。

　報道関係者がこうしたデータの存在を知ったのは原発事故の後だった。原発事

故報道を巡っては、記者に専門知識が足りず、東電や政府の発表をなぞるだけで、事故の初動対応の不手際を指摘できなかったなどと批判された。

　三陸地方は津波の常襲地帯だが、M9クラスの地震は貞観年間以来、実に千年ぶりである。マスメディアは、この巨大地震と大津波をどのように伝えたか。在京6紙は翌日朝刊の一面で、次のような主見出しで大震災を伝えた。

2011 年 3 月 12 日朝刊　東京最終版

読売	東日本　巨大地震
朝日	東日本大震災
毎日	東北で巨大地震
産経	列島　最大激震　M8.8
東京	東北・関東大地震
日経	東日本で巨大地震

　東日本大震災という呼称が定着した今振り返ると、見出しを考えるのは簡単にみえる。

　読売一面（東京最終版）は、「東日本　巨大地震」のヨコトッパンに続き、タテの主見出しに「大津波、死者数百人」、脇見出しに「三陸海岸　壊滅状態」をとった。

　まず地震の場所をどう表現するかが問題になる。一番広いのが産経の「列島」だが、関西以西の人に聞くと、ほとんどが揺れを感じなかったという。「列島」は広すぎる。「激震」も問題だ。ただの激しい揺れの意味で使っているのか、「震度7」を指す旧震度階級のつもりで使っているのかわからない。

　毎日の東北は狭すぎる。茨城、千葉でもかなり犠牲者が出た。東京でも過去半世紀に経験したことのない揺れを感じている。通称にもなった東日本が妥当だろう。次に地震の規模感を伝えるには、激震や大地震より巨大地震の方が、「数年に一度ある大地震」ではないニュアンスを伝えられる。日経も同様の選択をした。

　在京6紙はどこもヨコトッパンに津波を入れなかった。巨大地震だけなら、膨大な人的犠牲は出なかった。大津波がなければ、福島第一原発の事故も起きなかった。それにも関わらず、6社とも大津波を最重要キーワードにはしなかった。

首都圏に住む私たちはあの日、これまで経験したことのない激しい揺れを感じた。テレビは街を飲み込む巨大な津波の映像を繰り返し伝えたが、私たちは自ら体感した揺れの強烈さに気をとられ過ぎていたのかも知れない。

　これに対し、宮城県を主要配布エリアとするブロック紙「河北新報」は、「宮城　震度7　大津波」を主見出しにした。宮城というローカルな地名が最初にあるのは、配布エリアが限定されたブロック紙の性格による。地方紙は地域性を非常に重視する。さらにローカルな石巻日日新聞も「日本最大級の地震・大津波」と、大津波を主見出しに入れた。

　東北の沿岸地域は明治以来、数々の津波被害を経験し、その被害の恐ろしさは住民共通の記憶となっている。三陸地方では古くから、大きな地震が来たらすぐに高台に逃げろと促す「津波てんでんこ[2]」の警句が語り継がれてきた。この警告を継承し、ふるさとの惨状を目の当たりにした現地の人にとって、ニュースは紛れもなく「大津波」だった。

　情報網が発達した現在でも、東京では現場の実情はすぐに把握できない。甚大な被害が起きているのは明らかだが、発生当夜には全容はわからなかった。

　「壊滅」という言葉を使うかどうかも議論になった。仙台市の沿岸に数百の死体が打ち上げられたという情報が伝わった。街が燃えながら流されていく写真が届く。ヘリから街の存在が確認できない。壊滅的状態だが、国内ニュースで「壊滅」という不吉な言葉を使った経験は誰にもない。肉親の安否を気づかう被災者の心情を考えると、生存を絶望視する表現にためらいも生じる。しかし、現地の惨状をこれ以上ストレートに伝える言葉は見つからなかった。一夜明けると、がれきと化した街のあちこちに船が転がる惨状が明らかになった。

　新聞社に所属する記者は、そのメディアのニュース価値判断基準や相場観を経験的に体得している。1年に一、二度起こる規模のニュースなら、どのような編集方針でどの紙面を使って展開するか、どのような記事がどのくらい必要か、どのような見出しをつけるべきか、ある程度のイメージが浮かぶ。

　だが、東日本大震災は想像を超える巨大災害だった。平時のマニュアルは通用

　2　「津波てんでんこ」は津波が来たら、家族にも構わずに、てんでんばらばらに高台へと逃げろ、という意味だ。自分の命は自分で守る。一家全滅を防ぎ一人でも多くの住民が生き残る知恵とされる。

しない。約 1 か月手探りで、ほぼ震災関連ニュースで埋め尽くされた紙面が制作された。

　日本の新聞社や放送局は、遺体が写った写真を原則的に掲載しない。理由は二つある。まず犠牲者の遺族感情への配慮であり、次に読者・視聴者への配慮である。社会には、現実を知りたい、見たいという要求がある。こうした要求にストレートにこたえるのは、雑誌やインターネットだ。主要メディアがあまりにも悲惨な事実をそのまま報道すれば、他人の不幸をネタにしていると批判される。

　報道に限らず、第三者が被災現場に立ち入るのは、当時者には迷惑なことだ。もちろん、現実を知って欲しい、社会に広く知らせてもらいたい、という声も少なくはないが、全員とはいえない。しかし、調べて報道しなければ、出来事のディテールは歴史の流れの中に埋もれていく。

　ジャーナリズムは常に、人権侵害の危険性をはらむ。今は、マスコミ批判業界の人だけでなく、一般市民もマスメディアに厳しい目を注ぐ。ネットの掲示板には「マスゴミ批判」が溢れる。マスメディア自身が、他の人権との衝突の可能性を認めつつも、それとの調和を図り、事実を伝える重要性を理解してもらう努力が必要だろう。

２．被災者取材

　新型コロナが猛威を奮った 2020 年 5 月、米ニューヨーク・タイムズが 24 日付けの 1 面など 4 ページを使って、新型コロナのパンデミックによる死者の氏名や年齢と居住地、人物紹介を掲載した。写真もなく活字だけで埋まる異例の紙面だった。同紙は「誰一人として単なる数字で表せる存在ではなかった」と掲載の理由を説明した。

　読売新聞は震災 1 か月後、6 ページを使って 8000 人の犠牲者の氏名を掲載した。震災 2 か月には 3 ページ 3000 人、震災半年にも 1 ページ 1000 人と計 1 万2000 人の墓碑銘を刻んだ。

　1 行に犠牲者の氏名と年齢をひたすらに並べた紙面には、生後間もない乳児、幼稚園児、小中学生、高校生、会社員、主婦、お年寄り…さまざまな年代の死者の名前が延々と続く。氏名と年齢構成から、一家全滅とおもわれる家族もあった。

　同紙は震災 1 年後から「戻らぬあなたへ」というタイトルで、生存者に死者・

不明者の人となりや思い出を語ってもらう紙面を継続的に掲載した。犠牲者名の記録と生存者へのインタビューが「死者・不明者2万人」という数字に還元できない悲劇を物語っていた。

　大規模災害や事故で犠牲者名を記録する紙面は、1980年に御巣鷹山で起きた日航機墜落事故でも掲載された。日航機事故では乗客乗員513人のうち奇跡的に一命をとりとめた4人を除く509人が犠牲になった。509人の氏名と顔写真は、大袈裟な言葉を使わなくても被害の凄まじさと、悲しみの大きさを伝えた。

　作家の村上春樹は、マスメディアが描く地下鉄サリン事件の被害者像が「傷つけられたイノセントな一般市民というイメージ」で固定化されたことに納得できず、被害者62人を自らインタビューし「アンダーグラウンド」を書き上げた。村上は「一人ひとりの人間の具体的な——交換不可能（困難）——あり方にしか」興味持てず、生身の人間を「顔のない多くの被害者の一人（ワン・オブ・ゼム）で終わらせたくなかった」と語る。

読売新聞　2011年4月10日朝刊より

　大事件・大災害を経験した人には、その人だけが知っている事実がある。ジャーナリズムは、そうした個別・具体的なエピソードを記録し、世に伝える役割がある。統計的なデータは重要だが、それだけでは出来事の実相は十分に伝わらず、読者・視聴者の心を動かすこともない。

　エピソード型報道は「貧困問題」で、読者・視聴者にネガティブな影響を与えるとの調査結果もあるが、具体的なエピソードは社会や法制度を改めるきっかけとなる。

　第1章でふれた常磐道のあおり運転事件は、あおり運転罪導入の契機になった。

危険運転致死罪が作られたのも、1999 年に東京・世田谷区で発生した東名高速飲酒運転事故の報道で、幼い姉妹の悲劇が広く知れ渡ったからだった。

　この年の 11 月 28 日、常習的に飲酒運転を繰り返すトラック運転手が、後部座席に 3 歳と 1 歳の姉妹を乗せた家族連れの乗用車に追突し、炎上させた。両親は命からがら脱出したが、炎に包まれ泣き叫ぶ我が子をなすすべもなく見つめるしかなかった。父親自身も、複数回の皮膚移植を必要とする大やけどを負った。検察は当時としては最高刑の懲役 5 年を求刑したが、懲役 4 年の判決が確定した。

　加害者が常習的な飲酒運転者であること、事故後も「止まるからぶつかるんだ」「まあ、いいじゃないか」などと暴言をはいていたことから、法定刑のあまりの軽さに法改正を求める声が広がり、危険運転致死傷罪の成立の要因となった。

　人はデータだけでは動かない。「正義ではない。可愛そう、許せない」。そのような思いが世論を動かし、法律を変える力にもなる。

3．ローカル紙の奮闘

　東日本大震災では、地元のローカルメディアの活躍が注目された。宮城県石巻市に本社をおく石巻日日新聞[3]は東日本大震災で建物にひびが入り、輪転機の一部が水に浸かり、稼働不能になった。同社は経営陣を含め総勢 30 人弱の小さな新聞社だが、輪転機が使えない中、水没を免れた新聞ロール紙をカッターで切り取り、新聞 2 ページ大に油性ペンで一枚一枚書き、避難所などに張り出した。

　「地元住民に、正確な情報を届けたい」。社長や報道部長らが手分けし、毎日 6 枚の新聞を手書きで 6 日間発行した。手書きの新聞は次のような主見出しで、住民を鼓舞した。

3/12	日本最大級の地震・大津波
3/13	各地より救難隊到着
3/14	全国から物資供給
3/15	ボランティアセンター設置

---

[3]　石巻日日新聞　本社・宮城県石巻市。1912 年（大正元年）創刊。石巻市、東松島市、女川町など配布エリアとする地域夕刊紙である。

3/16　　支え合いで乗り切って!!
3/17　　街に灯り広がる

　手書き新聞は国内外のメディアで頻繁に取り上げられた。アメリカの首都ワシ
ントンにあった報道博物館「Newesum」（2019 年閉鎖）でも、ジャーナリズム精
神[4]の鑑として紹介された。震災 7 日目からは、複合機で白黒印刷を開始した。
　石巻市は仙台に次ぐ、宮城県第 2 の都市である。震災前の人口約 16 万人のう
ち、3900 人を超す人々が死亡・行方不明になった。市町村別の犠牲者は最多であ
る。震災後は人口流出が続き、2022 年の人口は 14 万人を割った。
　石巻日日新聞の近江社長は、自分たちは「ローカリスト」だという。地域メディ
アは、在京の大手メディアとは違う役割がある。発行エリアが限定的であるため、
メディア企業自体が地域の一員であり、地域コミュニティに深く根ざしている。
何よりも、同社の社員自身も被災者であった。社員たちは自身の家族、親族の安
否も定かでない中、地元被災者のために手書きの壁新聞を作成した。交通網が寸
断され電話も使えない中、被災現場を歩いて取材した。
　記者たちは「天王橋が落下」「門脇小　津波の中で炎上」など近隣の被害状況の
ほか、無料炊き出しや給水がどこで行われるのか、被災者の視点で「必要な人に
必要な情報」を届け続けた。壁新聞は、市内の避難所やコンビニなどに張り出さ
れ、被災者の貴重な情報源となった。近江社長は、テレビ局や全国紙の編集作業
の中でこぼれ落ちた、地域密着のニュースを提供することが使命と考えたという。
　もちろん在京メディアの記者であっても、取材の中で被災者に感情移入して、
悲しみを共有した。読売記者 77 人の手記をまとめた「記者は何を見たか」によ
れば、一人の記者は、避難先で沖に流される人を見つけたが、何とか助かってく
れと心の中で願うので精一杯だった。別の記者は被災者の話を聞き終えた後、ト
イレに隠れて号泣した。また別の記者は人間の死を前に取材者の自分がとても失
礼に思えた、と語っている。

---

　[4] ジャーナリズムは一般に、新聞やテレビなどのメディアが行う報道や解説、論評など
の活動全般をいう。ラテン語の「diurnalis（毎日の）」から派生した「journal(日記、日誌)」
に由来する。報道を行うメディア自体を指すこともある。ジャーナリズムの規範的な役割は、
国民が必要とする情報を正確に伝え、知る権利に奉仕することにある。

４．ミニラジオ

　地域密着型の地元メディアでは、ミニラジオ局も災害時に有用なメディアとして注目された。特に震災直後から各地で開局した臨時災害放送局⁵は、避難所生活の被災者に情報を届ける上で重要な役割を果たした。東日本大震災では岩手、宮城、福島、茨城の４県で計 30 局が開局した。このうちの 10 局は、既存のコミュニティ FM 放送局を利用し、残りの 20 局は、放送実務未経験の自治体職員とボランティアの住民たちが試行錯誤しながら運営に当たった。

　2012 年の総務省調査によれば、震災時に役立ったメディアの１位がＡＭラジオで 60％、２位はＦＭラジオで 39％だった。大震災は停電を引き起こしただけでなく、携帯各社の基地局にも重大な損害を与え、携帯回線が広い地域で途絶した。電源のない避難所生活では、乾電池で長時間使用可能なラジオが見直された。ミニラジオ局は、地元の放送局もカバー出来ない、生活物資の入手方法など町村単位の情報をきめ細かく発信し、被災者の支えとなった。

　福島第一原発の事故に伴い、全町避難を余儀なくされた福島県富岡町では、避難先の仮設住宅に放送局が開設された。「避難先でバラバラになった町民の心」をまとめ、コミュニティの維持を目指した。

　臨時ラジオ局は、他の地域のコミュニティ放送局や、NPO、民間企業などからの支援、寄付金、機材・機器の無償貸与などによって運営された。放送法は、臨時災害放送局の開設を「被災者の日常生活が安定するまで」と規定し、目的の達成後は速やかな閉鎖を求めているが、大震災の被害の甚大さ、被災コミュニティでの必要性と復旧活動の長期化を考慮し、総務省が大幅な延長を認めた。

5　臨時災害放送局　地震、豪雨、洪水などの大災害時に、被災状況や復旧に関する情報を住民に提供するために、放送法８条に基づき地方自治体が「臨時かつ一時の目的」のために開設する FM 放送局である。

第6章　震災記憶と原発報道

1．生死をわけた教訓

　日本列島は4つのプレートがぶつかり合い、大地震や火山噴火のリスクが高い危険地帯に位置する。日本の国土は全地表の0.25％だが、マグニチュード6以上の地震の22％は日本で起こっている。大地震の発生確率は世界平均の100倍だ。災害リスクの高い環太平洋火山帯に位置する国々の中でも、とりわけ危険な地域とされる。

　地震が起こる間隔や火山噴火のサイクルは、人間のライフスパンより遥かに長い。一方で、人間の記憶には限界がある。1100年前の貞観地震と津波の被災記録は、歴史書「三代実録」に記録されており、産総研の調査でも内陸3〜4キロまで浸水したことがわかっていたが、教訓は生かされなかった。

　三陸地方は400〜500年間隔でM9クラスの地震が発生する可能性がある。破局的噴火のように数万年に一度の規模の災害に備えることは現実には不可能だが、より高頻度で発生する大震災の教訓は風化させず、後世に長く伝える必要がある。100年に満たない個人の記憶では足りない。個人の記憶を社会が共有する社会的記憶に変えていくとともに、災害の威力を語る震災遺構のような展示物をリアルな記録として残し、次の世代に着実に伝えていくことが大切だろう。

　岩手県釜石市では、約1,300人が死亡・行方不明となった。市内の鵜住居（うのすまい）地区も津波で壊滅的な被害を受けたが、この地区の鵜住居小学校と釜石東中学校にいた児童・生徒約570人は全員無事に避難した。「釜石の奇跡」と呼ばれる。

　彼らが無事に避難できたのは、過去の津波被害の教訓が防災教育の現場に息づいていたからだ。鵜住居小学校では地震直後、児童たちが校舎3階に避難したが、隣接の釜石東中学校の生徒たちが高台を目指し避難する様子を見て、自主的に追随した。子どもたちは一旦、高さ15㍍の高台にある施設まで避難したが、余震で落石が続き、さらに高いところに避難するよう促す消防団員らのアナウンスを聞いて、誰からともなくさらに高台を目指したという。

　児童・生徒たちは、群馬大学の片田敏孝名誉教授から指導された「津波避難の

三原則」①想定にとらわれるな②最善をつくせ③率先避難者たれ──を忠実に実
行した。

　同様に、防災教育が根付いていた石巻の門脇小学校でも、校長の指示で児童 224
人が避難場所に指定されていた同小学校から、さらに高台にある日和山（標高 60
㍍）に避難した。門脇小は津波に飲まれ、タンクから漏れたガソリンが引火し焼
失したが、児童は全員無事だった。小学校に避難してきた地域住民は当初、津波
に対する危機感が希薄だったが、率先避難者である児童たちとその付き添いの保
護者に引っ張られる形で、日和山に避難することが出来た。

　同じ石巻市の大川小学校では、避難 3 原則の教育が徹底されておらず、児童 108
人中 74 人が犠牲になった。教員や児童からは裏山へ逃げる案も出された。しか
し、地元区長の「ここまで来るはずない」との意見に押され、北上川堤防近くの
三角地帯（高さ 7 ㍍）に避難し始めた直後に津波に飲まれた。助かった児童は自
分の判断で列を離れ、裏山に上った。

　人間には正常性バイアス（Normalcy Bias）がある。目前に迫った危険を過小
評価し、自分は助かると思い込む心理状態のことである。地元高齢者は、自己の
限られた経験を過大評価する一方、人間のライフスパンを超える長期サイクルの
災害のリスクを過少評価してしまった。

　2003 年に韓国・大邱で起きた地下鉄火災では、車内に煙が充満しても逃げない
乗客の姿が映像として記録されていた。2014 年の御嶽山噴火の犠牲者の中にも、
死の直前まで噴火の様子を撮影していたとみられる人がいた。

2．震災遺構

　1896 年（明治 29 年）の明治三陸大津波を引き起こした地震の最大震度は 4 だっ
た。揺れによる被害はなかったが、大津波のために 2 万 1959 人が犠牲になった。

　岩手県宮古市の田老地区（旧田老町）は、1933 年（昭和 8 年）の昭和三陸大津波
でも壊滅的な被害を受けた。これを受けて、町や国は昭和大津波の翌年から昭和
54 年まで長い歳月をかけて、町全体を囲む二重の巨大な防潮堤を整備した。総延
長 2.4 キロ、高さ 10 メートルの防潮堤は「万里の長城」と呼ばれた。

　田老地区は定期的に津波避難訓練を実施し、避難場所・避難経路を示す表示も
数多く設置するなどの防災対策を取っていたが、多くの住民が「万里の長城」の

存在に安心して、避難が遅れたと指摘された。

　田老地区東部には推定 17 メートルの津波が押し寄せ、鉄筋コンリート造りの「たろう観光ホテル」以外のほとんどの建物が押し流された。ホテルは 4 階まで浸水し、2 階までは柱を残して流失した。建物は宮古市が買い取り、津波遺構として現状保存している。

　震災遺構として保存すべきかどうかが議論になっているのが、宮城県南三陸町の防災対策庁舎である。海岸から約 600m の地点に建つ町防災対策庁舎は鉄骨 3 階建てで、屋上の高さは 12 メートルあった。町は当初予想された津波の高さが 6㍍だったため、職員を高台に避難させなかった。

　庁舎に居合わせた 53 人の職員は屋上に退避したが、14㍍の津波が屋上を襲い、鉄塔に逃れた 10 人を除く 43 人が亡くなった。職員遺族の一部は、高台に職員を避難させなかった町長を業務上過失致死で刑事告訴した（不起訴処分）。

　亡くなった職員の一人、遠藤未希さん（24）は防災無線で「逃げてください」と住民に避難を呼びかけ続け、津波に飲まれた。男性職員の「未希ちゃん、上にあがって」で途切れる防災無線の音声が、多くのメディアで繰り返し報道され、津波襲来寸前の緊迫した状況を伝えた。彼女は前年 10 月結婚したばかりだった。

　遺族の間では、津波で破壊された庁舎を見ることが耐えられないと解体を望む意見と、震災の教訓を後世に伝えるために震災遺構として保存すべきだという意見が対立する。

　町は復興の障害になるといったん解体を決めたが、震災巡礼地と化している実態を踏まえ解体を中止した。県は町から建物の所有権を引き取り、2031 年まで結論を先送りした。2020 年 3 月、庁舎近くのかさ上げ地に震災復興祈念公園が整備された。

　被災者、遺族の心情は、災後のケアの視点では重要だが、防災庁舎はただの残骸ではなく、すでに大震災の悲劇を象徴する存在になっている。のちの世代にとっての意義も考慮して決断する必要があるのではないだろうか。

　大震災からすでに 11 年が経ち、記憶の風化が進んでいる。政府は「10 年が節目」として、2021 年 3 月 11 日を最後に政府主催の大震災追悼式を打ち切った。しかし、余震の可能性は消えていない。被災地にとって教訓の継承は重要であり、自治体レベルの追悼式は続く。

　福島では、福島第一原発の北側で復興祈念公園の整備が進んでいる。双葉町には「東日本大震災・原子力災害伝承館」が作られた。岩手県陸前高田市には「東日本大震災津波伝承館」が、宮城県石巻市には「みやぎ東日本大震災津波伝承館」が作られた。このほかにも、中小規模の伝承館が各地にある。

　1995 年 1 月 17 日に発生した阪神大震災では、6434 人が犠牲になった。都市直下型地震の記憶を伝えるため、「神戸港　震災メモリアルパーク」には震災で傾いた外灯、破壊された岸壁が当時のまま 60 ㍍に渡って保存されている。兵庫県北淡町震災記念公園には、震災で隆起した野島断層が残る。

　物理学者の寺田寅彦は「天災は忘れた頃にやってくる」と言った。東北に限らず、災害列島に住む我々は、世代を超えて風化に抗う工夫が求められている。

3．想定される大地震

　国土交通白書 2020 によれば、今後 30 年間におこる可能性の高い地震は、①首都直下地震②南海トラフ地震③千島・日本海溝沖地震である。

①首都圏では、関東大震災のようなプレート境界型の M 8 クラスの地震は当面はないと考えられる。しかし、M 7 クラスの首都直下地震は 70％の確率で発生する。政府地震調査会が想定する最悪のケースは、死者 2 万 3000 人、全壊・焼失家屋 61 万棟、要救助者 7.2 万人、被害額は 95 兆円に上る。

②南海トラフ地震はプレート境界型のM 8 〜 9 の巨大地震になる可能性がある。今後 30 年の発生確率は 70〜80％と高い。最悪想定は死者 32 万人、経済損失 220 兆円になる。政府は 2019 年、死者想定を 32 万人から 23 万人に引き下げたが、それでも膨大な犠牲者数だ。

③千島・日本海溝沖地震は、深い海溝周辺で起きるプレート境界型の地震だ。千島海溝地震の発生確率は 7 〜40％。最大でM9.3 クラスの巨大地震が想定される。北海道えりも町に最大 27.9 ㍍の津波が襲い、最悪のケースでは 10 万人が犠牲になる。地震エネルギーは東日本大震災を上回る可能性がある。政府の中央防災会議によれば、日本海溝地震の想定は最大 M9.1。冬の深夜に発生した場合、死者 19 万 9000 人に上る可能性がある。住民が地震発生から 12 分以内に避難を開始し、津波避難タワーなどを活用した場合、死者数を 8 割減らせる。

4．福島原発事故

　大震災では、東電が想定した6㍍を遥かを上回る約 14 ㍍の津波が福島第一原発を襲い、原子炉冷却システムの電力がすべて停止した。複数あるディーゼル発電機は津波による浸水で使用不能となった。1〜3号機原子炉内の核燃料は過熱のため溶融（Melt Down）し、原子炉から漏れ出た水素が爆発した。1号機、3号機のほか、定期点検中だった4号機の建屋も破壊された。

　核燃料が溶融し原発建屋が崩壊したことで、放射性ヨウ素やセシウムが大気中に大量に放出された。政府は、原発から半径 20 ㌔圏内を「警戒区域」、20〜30 ㌔圏を「計画的避難区域」として避難対象に指定した。30 ㌔圏外であっても飯舘村など原発北西の放射線量の高い地域には避難を促した。被災半年間で約 14 万人の住民が域外に避難した。

　2012 年からは、放射線量に応じて避難指示解除準備区域、居住制限区域、帰還困難区域に再編された。帰還困難区域は原則立ち入りが禁止された。避難指示解除準備区域、居住制限区域は 2020 年 3 月に全て解除されたが、帰還困難区域では「復興拠点」を除き 2022 年 9 月現在も避難が続く。原発事故としては過去最悪のチェルノービリ（チェルノブイリ）原発事故と並び、最も深刻な「レベル7」の災害となった。

　東電が福島第一原発建設に際し6㍍の津波想定をしたのは、明治三陸地震の際に、福島原発付近で観測された津波が3〜4㍍で、約55㌔南にあるいわき市・小名浜港の観測史上最大の津波がチリ地震の時の 3.3㍍だったからだ。

　政府や東電は、原発事故は想定外と繰り返した。1971 年の運転開始時には想定が難しかったかもしれないが、2008 年のシミュレーションで 15.7 ㍍の津波が来る可能性がわかっていた。

　貞観地震は東日本大震災と震源域がほぼ重なり、東北沿岸は広範囲に渡って大津波に襲われている。事故の 2 年前の 2009 年 6 月にも、福島第一原発の地震想定の見直しをチェックする経済産業省原子力安全・保安院の公開会合で、地質研究者から東電の甘い地震想定に疑問が投げかけられた。

　各地の津波堆積物の調査で、宮城県の仙台平野や石巻平野、さらには福島県沿岸にも貞観津波の痕跡が広がっていることがわかっていた。地震の規模が従来の想定を上回る場合、原発の地震・津波対策は、最新の知見を反映するルールになっ

ているのに、東電は津波対策をとらなかった。

　東北電力は昭和40年代の女川原発1号機の設計時、文献調査や地元への聞き取り調査から津波の高さを3m程度と想定したが、専門家を含む社内委員会で、貞観津波を考えれば津波はもっと大きくなるとの意見が出たことを踏まえ、女川原発の敷地の高さを14.8mに決めた。

　原発はよく「トイレなきマンション」に例えられる。日本を含め多くの国で、原発核燃料の最終処分場が決まっていないためだ。最終処分場が確定しているのは、フィンランドとスウェーデンの2か国にとどまる。フィンランドでは、オンカロの地下深くにトンネルを掘って核燃料を10万年「隔離」することが決まり、すでに工事を開始している。

　使用済み核燃料の放射線量が天然ウラン鉱石並みになるのに1万年かかり、無害化には10万年の歳月が必要とされる。火山や活断層を避け、将来の人類が掘り起こさない場所を探さなければならない。環太平洋火山帯に位置する日本は、火山や活断層が多く、適地が少ない。

　日本の最終処分場選定に関しては、北海道の寿都町、神恵内村が応募している。寿都町の人口は過去20年間で3割減った。2022年現在の人口は約3000人、一般会計は50億円規模だ。神恵内村は人口約800人、一般会計27億円規模。いずれも少子高齢化が進み、自治体の存続自体が危ぶまれる。自治体の長が、自治体の将来を考え、国の補助金目的で応募した。

　しかし、最終処分場の誘致には反対も多い。寿都町では、反対派が町長宅に放火する事件が起きた。今後の人口過疎地域の増加によって立地可能な地域は多少増えるかもしれないが、超長期にわたって土地利用を制限する迷惑施設の受け入れは、自治体にとって難しい判断になる。

　福島第一原発は、被災時に停止していた5、6号機を含め6機すべての廃炉が決まった。廃炉作業には8兆円かかると見積もられている。

　廃炉作業では、放射性廃棄物の処分が難題だ。先行して2001年に廃炉作業に着手した茨城県東海村の東海原発は、廃炉で生じる「低レベル放射性廃棄物[1]」で

1　低レベル放射性廃棄物（Low-level radioactive waste）　炉心に近い部分から順に、L1、L2、L3の3種類に区分される。核燃料など高レベル放射性廃棄物以外の廃棄物をいう。

も９割以上が処分先未定のままだ。村は放射能レベルの低いＬ３を原発敷地内に処分することに認めたが、放射能レベルの高いＬ１、Ｌ２の村内処分は認めない。

　福島第一原発の廃炉工程表は、2051年ごろの廃炉完了を予定しているが、未開発の技術を当てにしており、いつ廃炉が完了するかは見通せない。

【八月ジャーナリズム】

　「八月ジャーナリズム」という言葉がある。日本のマスメディアが毎年８月前半、戦争関連の特集記事や番組を集中的に報道することを批判的に論じる際に使われる。

　８月は広島原爆忌（６日）、長崎原爆忌（９日）、終戦記念日（15日）と戦争関連の記念日が続く。この間、マスメディアはマンネリ化した報道をしていると批判される。

　こうした指摘は昭和末期から続いている。アジア諸国に対する加害の歴史が軽視されているという批判も根強い。だが、８月だけ、ワンパターンであったとしても、報道しないよりはいい。

　戦争体験者が少なる中で戦争の惨禍に思いをはせ、平和の尊さを考える機会を提供する意義はある。1970年代前半、上野の街にはまだ傷痍軍人の姿があった。腕や脚を失いながらアコーディオンを弾き、支援を求める元兵士の姿は、戦争を知らない世代にも人生を狂わせた戦争の悲惨さを伝えた。

　戦争終結から80年近い歳月が過ぎた。若い世代は祖父母から戦争体験を聞くことができない。戦争観は映画や本を含むメディアの情報によって形成される。

　国内では戦争記憶の風化が進むが、近隣諸国との間では「戦後」は完全に終わったとは言い難い。韓国のムン・ジェイン政権時代、日韓関係は戦後最悪といわれる状態になった。各国のナショナリズムが絡み、歴史認識の溝を埋めることは難しい。ジャーナリズムは少なくても日本国民の受難体験と、他国の領土に「日本の生命線」を設け、侵攻した過ちを伝える必要があるだろう。

第7章　メディアの理論

1．ステレオタイプ

　私たちの認識は、直接に見聞きできる身の回りの出来事を除けば、メディアを通じて獲得した情報に依存している。20世紀米国を代表するジャーナリストであるウォルター・リップマンは、メディアが伝える情報に基づき、人々が頭の中で作り上げる外部認識を「疑似環境（Pseudo Environment）」と呼んだ。現実の環境は「あまりに大きく、あまりに複雑」だ。さまざまな分野の知識が必要とされるし、複雑な出来事相互の関係を理解するのは難しい。

　リップマンは著書の中で、プラトンの有名な「洞窟の寓話[1]」に続いて、大西洋に浮かぶある架空の島の住民を取りあげた。第1次世界大戦のころ、この島には英国人、フランス人、ドイツ人が仲良く暮らしていた。彼らが外界のニュースを知るのは二か月に一度、船便で届けられる新聞を読むときだけだった。1914年、島民たちは、フランスの名士の婦人が犯した殺人事件にどのような判決が下るのか、次の船便が届けるはずの最新ニュースを心待ちにしていた。しかし、船が到着した時に、彼らが知らされたのはすでに6週間以上前から、英仏両国がドイツと交戦していることだった。

　開戦から6週間、島民たちは殺人事件の判決をめぐり思い思いの意見を述べ、ふだん通り平穏な暮らしを続けていた。戦争を知らない人たちにとっては、戦争は「おきていない」のと同じ。だから、住民たちが敵国となった隣人と争うこともなかった。

　この話は、私たちがいかにメディアがもたらす情報とそれによって構成されたイメージに依存して暮らしているかを示している。私たちは、「ありのままの現実」ではなくメディアの情報に基づく「疑似環境」で生きている。

　リップマンはまた「われわれはたいていの場合、見てから定義しないで、定義してから見る」という。人は事実をありのままに認識するのではなく、予め持っ

---

[1] 洞窟の寓話　古代ギリシャの哲学者プラトンが考えた寓話。洞窟の中で、奥を向いて首を固定された囚人たちは生涯、後ろの炎で照らしだされる影だけしか見ることができない。このため、囚人はその影を実体だと思い込んでいる。

ている先入観に従って判断している。こうした先入観・固定観念は「ステレオタイプ（Stereo Type）」と呼ばれる。ステレオ（ステロ）タイプは本来、印刷などに使う鉛版を指すが、転じて決まりきった型にはまったイメージを指す。古代ローマのユリウス・カエサルも「人間ならば誰にでも、現実の全てが見えるわけではない。多くの人たちは、見たいと欲する現実しか見ていない」と言った。ブリタニカ国際大百科事典は、ステレオタイプを次のように定義する。

　　　一定の社会的現象について、ある集団内で共通に受け入れられている単純化された固定的な概念やイメージを表わすものとして用いられる。通常それは好悪とか善悪の感情を伴った「できあい」の概念、あるいは「紋切り型」の態度というふうに訳される。ステレオタイプは複雑な事象を簡単に説明するには役立つが、多くの場合、極度の単純化や歪曲化の危険を伴い、偏見や差別に連なることになる。

　大西洋の孤島に住んでいるわけではない私たちもステレオタイプなイメージの中を生きている。現実には一度も会ったことのないフランス人、イタリア人、ロシア人には、特定のイメージを持っているのに、ボリビア人やモルドバ人には何のイメージも浮かばない。なぜか。メディア露出の差である。ボリビア人やモルドバ人が主人公のテレビや映画はまずない。メディアで取り上げられることが少なく、先入観を形成する機会がなかったからだ。
　ステレオタイプ的思考は、複雑な出来事を単純化することで、脳の負荷を減らし、素早い認識を可能にする。しかし、同時に既存のステレオタイプなイメージに合わない情報はシャットアウトされてしまう。リップマンは、色眼鏡なしで、ありのままに物事を認識する難しさを指摘した。
　マスメディアもときとして、ステレオタイプな枠組みで情報を伝える。複雑怪奇な事件も、込み入った政治問題も、限られた紙面や短い放送枠で簡潔に伝えなければならない。読者や視聴者に理解しやすいように編集する過程で、過度な単純化や、重要なポイントや差異が捨象されることがある。こうした報道を通じて、人々はステレオタイプな疑似環境に身をおき、ステレオタイプ枠組みに沿って判断を行う可能性がある。

　ステレオタイプを宣伝に利用すれば、物事の一側面を切り取って単純化して見せ、分かった気にさせることができる。宣伝に好悪の感情を刺激する要素を潜ませれば、論理的な思考を妨げ、感情的な反応を引き起こしやすい。

　ブリタニカ大百科事典は、この性質を最大限に利用した例として、ナチスドイツの総統アドルフ・ヒトラーによるユダヤ人迫害を挙げる。

　ヒトラーは第一次大戦に陸軍伍長として出征した後、ベルサイユ条約で課された巨額の賠償金支払いとハイパーインフレに苦しむドイツ国民に、ドイツ敗戦はユダヤ人のせいだというプロパガンダ（Propaganda＝政治的な宣伝）を広めた。

　ヒトラーは宣伝相ヨーゼフ・ゲッベルスとともに、反ユダヤ感情と愛国スローガンを結びつけた。映像やイベントを組み合わせたメディアミックス型プロパガンダを駆使して、国民の自尊心をくすぐりファシズムの思想を植え付けた。当時もっとも民主的憲法と言われたワイマール憲法下のドイツは、選挙を経てヒトラーの独裁国家に変わった。

　欧州には、ローマ帝国にエルサレムを追われた多くのユダヤ人が移り住んだ。商業や金融業に従事し経済的には成功したが、キリスト教徒から守銭奴視され、繰り返し迫害を受けた。14世紀にコレラが流行したとき、カトリック教会は「ユダヤ人が井戸に毒に入れている」とフェイクニュースを流した。

　ヒトラーは著書「わが闘争」で、偏見に満ちた口調で、ドイツ敗戦の責任をユダヤ人に転嫁した。ユダヤ人は「つねに他民族の体内に住む寄生虫に過ぎない。（中略）かれらの現れるところでは、遅かれ早かれ母体民族は死滅するのだ」「ユダヤ人の金融新聞およびマルクス主義新聞は、（中略）ドイツに対する憎悪を計画的にあおったのである」。

　ナチスのホロコースト（大量虐殺、The Holocaust）で、600万人以上のユダヤ人が犠牲になったとされる。

　ゲッベルスはラジオ業界の重鎮を前に、プロパガンダの秘訣を次のように語った。

　「狙った人物を、本人がそれとはまったく気づかぬようにして、プロパガンダの理念にたっぷりと浸らせることである。いうまでもなくプロパガンダには目的がある。しかしこの目的は抜け目なく覆い隠されていなければならない。その目的を達成すべき相手が、それとまったく気づかないほどに」。

彼はまた「もしあなたが十分に大きな嘘を頻繁に繰り返せば、人々は最後には
その嘘を信じるだろう。（中略）人々を保護する国家を維持している限り、あなた
は嘘を使うことができる」と語り、政治目的のウソは正当化されると主張した。
ナチスのような独善的なプロパガンダは過去のものではない。現在も、ロシアや
ミャンマーの独裁政権が、自己正当化の道具として使っている。

２．ニュースの世論への影響

　メディア研究の大きな柱は、ニュース報道が世論に与える影響を調べることに
ある。メディアの世論への影響に関しては、時代を下るごとに、①弾丸効果理論
②限定効果理論③強力効果理論の三つの理論が提唱された。現在は強力効果理論
が広く支持されている。

①弾丸効果理論（Magic Bullet Theory）

　マスメディアが人々に大きな影響を与えるため、プロパガンダを通じて民意
を操作することができるとする。情報がすぐに効果を表すとの考えに立つこと
から、皮下注射理論とも呼ばれる。リップマンの考えは弾丸効果理論に近い。

②限定効果理論（Limited Effects Theory）

　人々は、自分が所属する社会やコミュニティの中で独自の価値観を形成する。
そして、メディアが提供する情報に対しても、自らの先有傾向に合致する情報
を好み、先有傾向に反する情報を避ける選択的接触（Selective Choice）をし
ている。このため、メディアは人々が元々持っていた先有傾向を補強する効果
はあっても、態度の変容は起きにくい。

　選択的接触が生じるのは、認知的不協和（Cognitive Dissonance）による。
認知的不協和とは「人が持つ二つの認知的要素ないし情報の間に不一致が存在
する状態」（広辞苑）である。当人にとっては不快な状態だ。このため人々は、
不一致を解消あるいは低減しようとして、先有傾向に合致する情報をより積極
的に取得し、合致しない情報を避けるようになる。

　米国の社会学者ポール・ラザースフェルドの研究よれば、メディアの直接的
な影響は限定的で、それよりも人々が帰属する社会集団のオピニオンリーダー

を通じた、対人的なコミュニケーションが人々の態度変容のカギになる。メディアの情報は直接的に人々に影響するのではなく、信頼できるオピニオンリーダーを経由した二段階の流れによって影響を与えるとされる。

③強力効果理論（Powerful Effects Theory）

　テレビという強力な映像メディアの登場で、人々のメディア依存が強まり、事実認識に大きな影響を与えているとする。メディアの強力効果の例としてよく挙げられるのが、アジェンダ設定効果（Agenda-Setting Effect）と沈黙の螺旋（Spiral of Silence）である。

　アジェンダ設定効果は、いま社会で何が問題になっているか、あるいは重要な政治課題は何かを認識する上でメディアが大きな影響を与えると考える。人々の認識は、自分の身の回りの出来事をのぞけば、メディアの情報に大きく依存する。国内の実証研究でも、テレビや新聞で繰り返し報道されるトピックを、人は重要だと考える傾向が高いと示されている。

　沈黙の螺旋は、人間は同調圧力に弱く、ある争点について自分が少数派だと判断すれば、孤立を怖れて意見の表明をためらい、この過程が繰り返されることで、少数派が実際以上に少数派に、多数派は実際以上に多数派にみえてしまう傾向をいう。

　人間の同調圧力への弱さを示す例としては、心理学者ソロモン・アッシュが行った線分実験が知られる。被験者は、指定された線分と長さが等しい線分が描かれたカードを選ぶよう指示される。人々は個々に回答させると全員が簡単に正解のカードを選ぶが、集団で実験すると、正解者の3分の1が、サクラの選んだ誤答に引っ張られ誤った解答をした。沈黙の螺旋の支持者たちは、マスメディアは情報の受け手の意見を変えることはできないが、多数派を形成することよって、反対意見を封じ込めることが可能だとする。

　同調圧力には正と負の両面がある。人間は社会的な生き物だ。ある程度は他人に配慮し、協調して生きなければ、コミュニティは破綻する。近代社会は、個人の人権尊重を前提にしているが、なんでも自由にできるわけではない。他人の権利と心情に配慮し、他人の人権と自己の権利の調和を図ることが求められる。

2020 年のコロナパンデミックで「自粛警察」という言葉が生まれた。政府の自粛要請に従わないと思われる人を誹謗中傷したり、暴力をふるったりする人々を指す。人は自分が多数派を属していると判断すれば、少数派に対して攻撃的になることがある。

3. 客観報道

報道は、客観的に事実を伝えるのが原則である。日本新聞協会は、新聞倫理綱領で「報道は正確かつ公正でなければならず、記者個人の立場や信条に左右されてはならない」とうたう。放送については、放送法 4 条が「政治的に公平であること」「報道は事実をまげないこと」「意見が対立している問題については、できるだけ多くの角度から論点を明らかにすること」を求めている。

政府が法律で放送局の言論内容を規制することの是非は、憲法 21 条の「表現の自由」との関係で問題をはらむ。この点については第 15 章で述べる。

客観報道は、ジャーナリズムの規範として当然のように思われるが、この概念が登場したのは 19 世紀半ばに入ってからだ。米国の新聞は 19 世紀前半までは、政党機関紙的な要素が強かった。19 世紀半ばに、輪転機導入や広告の増加で「ペニー新聞」と呼ばれる安価な新聞が発行されるようになった。値段が下がることで、さらに購読者が増加する好循環が続いた。各社は多くの読者を取り込むため、党派性を薄めた報道を志向するようになった。さらに当時、発達しつつあった通信社が、地域性や党派性の薄い報道スタイルで成功を収めたことに刺激を受けた側面もある。

1848 年に発足した米国 AP 通信社（Associated Press）は南北戦争で、南北双方の新聞社に記事を配信した。そのため、一方の肩を持つわけにはいかない。ワシントンの支局長は部下に「通信社の生命を維持する道はただひとつ、徹底的に正確、公正を貫き通すこと以外にない」と指示し、形容詞や主観的な表現を極力排除して、事実をありのまま書くことに徹した。

メディア研究者の多くは、ニュース報道の客観性は、事実性（Factuality）と不偏性（Impartiality）の二つの要件に分けて考えるべきだという。

事実性は、第一にニュースが真実であること。さらに複数の出来事が起きた場合には、それら複数の出来事を正しく関連づけることが含まれる。

　不偏性は、ある問題についてコンセンサスがない場合、どの主張を肯定的にあるいは否定的に報じたか、またそれぞれの主張をどの程度の扱いで報じたかに関係している。社説のような自社のオピニオンを発表する場合以外は、価値中立的な表現を使うことも要請される。

　ニュースの客観性を論じる場合、客観性をいくつかの要素に分けて考えることは有効である。だが、ニュース報道の現場で客観性を担保しようとすると、いくつかの要素に分解しても実務上の困難さが減るわけではない。

　ニュースはたいてい途中経過の報告である。何が真実か確定的に言えない段階でも報じる必要がある。主観的な存在である個々の人間が客観的であろうとする困難さに加え、各メディアが客観性の基準軸をどこにおくかによっても左右される。日本メディアの編集権は企業の経営陣にある。従業員である記者は、企業風土や編集方針の影響を受けざるをえない。

　米国では、公正原則（Fairness Doctrine）が撤廃された1987年以降、テレビ・ラジオの分極化が進んだ。特に保守系のFOXニュース、リベラル系のMSNBC、CNNなどのニュース専門ケーブル局は固定視聴者を維持しようと、党派性を強めたと言われる。2020年のピュー・リサーチの世論調査によれば、79%の回答者が、報道は「一方の側に偏っている」としている。

　ネットメディアの世界では、フィルターバブルやエコーチェンバーを回避し、左右双方のメディアのニュースを取り上げ、中立性を売り物にするニュースアプリが誕生している。「All Sides」や日本発の「スマートニュース」米国版などである。

　民主主義社会における報道の意義は、議論のための材料を提供することにある。フィルターバブルやエコーチェンバーにより左右両翼の分断が進む中で、新たなメディアは、意見対立がある問題について、双方の見解を紹介して議論のための共通の土台を提供することを目指す。

　しかし、両論併記主義については「分断の解決策にならない」との強い批判もある。

　トランプと彼を支持する共和党議員は、2020年大統領選は「盗まれた選挙」だと事実に反する主張をしている。それなのに、両方の主張のバランスをとって報道することは結果的に事実を歪めるにつながるという。ジャーナリストのジェ

ネーバ・オーバーホルサーは、今の米国民は「何が事実かさえ一致できなくなっている」と語り、必要なのは両論併記主義のメディアをつくることではなく、読者・視聴者がメディアの偏りを知ることだと説く。

共和党員、特にトランプ支持者は主要メディアを敵視し、その報道を信じない。2021年のギャラップ社の調査では、主要メディアの報道を信じると回答した共和党員はわずか11%しかいない。68%が信じると回答する民主党員とは57ポイントのギャップがある。中立的なメディアが「事実」を報じても、トランプの岩盤支持層には届かない可能性が高い。

英BBCは2016年ブレグジットの国民投票前、EU離脱の経済的メリットを支持する経済学者がほとんどいないにも関わらず、離脱派の荒唐無稽な主張も取り上げて、機械的な公平だと非難された。米英メディアは解決策の見えない隘路で、もがいている。

日本でも「マスゴミ批判」は強まっているものの、主流メディアへの信頼度は英米に比べて、まだ高い。しかし、新聞はいうに及ばずテレビも、ネットメディアの台頭におされ、経営状況は悪化している。産経や東京などいくつかの新聞はより党派性を強め、固定ファンをつなぎとめようとしているようにみえる。

メディアが多様な意見を持つことは自由だが、ジャーナリズムの規範として重要なのは事実と意見を明確に区別することだ。

ニュースの取捨選択に際しては、予断を極力排除して事実を積み重ね、事実に語らせるべきだ。意見が対立している争点については双方の意見を多角的に紹介し、できるだけ中立的な姿勢を堅持する必要がある。少なくともストレートニュースの報道に、社のオピニオンを潜ませるべきではない。

ニュースが編集されたものであることを考えれば、客観報道はあくまで報道機関の努力目標あるいは心構えに過ぎない。だからこそ、両論併記主義と批判されようと、事実とデータに基づくものである限り、多様な見解があることを伝え、冷静で批判的な検討に努めてもらいたい。

客観報道については、記者の主観排除が、当局発表に依存する「発表ジャーナリズム」につながるとの批判がある。特に犯罪報道においては、当局が強制捜査に乗り出した後は、記者が直に容疑者を取材することはほぼ出来ない。警察や検察の発表やリークに頼ることが多く、冤罪に加担する可能性がある。過去には警

察の見立てに従って、無実の人を犯人視した報道を行ったことも少なくない。

　殺人事件など重大犯罪は、社会の体感治安を左右する。人々の関心が高く、報道の大きなウエイトを占める。犯罪報道はのちに報道内容が訂正されても、当人はずっと疑われ続けることがある。メディアの謙抑的な姿勢が欠かせない分野だ。

　ただ、過去 30 年で報道側の意識は随分と変わった。昔のように、警察官から聞きかじった情報で書き飛ばすことは減った。誤認逮捕の可能性にも注意するようになっている。犯罪報道への関心の高さと、被疑者の人権への配慮のバランスどうとるかは非常に難しい問題である。海外では、英米仏が容疑者の実名報道を原則とする一方、ドイツは原則匿名にしている。

　発表ジャーナリズムは当局の宣伝に終わる危険性をはらむが、記者個人の独自視点を過度に強調にすることもまた危険だ。取材する側は通常、取材される側よりもモノを知らない。だからこそ取材に出向き、詳しく知ろうとする。メディアが持っている情報は、行政機関や捜査機関に比べれば圧倒的に少ない。

　取材過程でたまたま入手した内部文書を過大評価したり、ステレオタイプな思考で分析すると、誤報を生む可能性がある。第 9 章でふれる朝日新聞の福島第一原発を巡る吉田所長の撤退命令誤報は、入手した文書を取材メンバーだけが読み、思い込みに沿って都合良く解釈した結果、生じたものだ。社内で情報を共有しニュース価値を多角的に検討していれば防げた可能性が高い。

　発表者の言い分をうのみにせず、かつ記者の思い込みを排除して、メディアとして責任ある報道をするには事実関係を複数の目でチェックする必要がある。

【火星人襲来】
　1938 年 10 月 30 日のハロウィーン、アメリカＣＢＳ系ラジオが、Ｈ・Ｇ ウェルズ原作の「宇宙戦争（The War of the Worlds）」のラジオドラマを放送した。オーソン・ウェルズが熱演した火星人襲来ドラマを本物のニュースと勘違いした人々は、攻撃から逃げようと各地でパニックを起こし、死者まで出た。翌朝のニューヨーク・タイムズはそう伝えた。
　ドラマの舞台はアメリカの実在都市名が使われた。放送中に４回「これはドラマ」とアナウンスがあったが、オーソン・ウェルズの迫真の演

技のため、途中からドラマを聞き始めた人は、本当のニュースと思い込み、車で逃げようとしたり、銃で武装したりしたという。実際、各地の警察に真偽を確認する電話が殺到した。火星人パニックに関する新聞記事は放送後3週間で1万2500件に上った。ニューヨーク・タイムズは、社説「Terror by Radio(ラジオによる恐怖)」で、報道のスタイルをとって「血まみれのフィクション」を報じたと批判した。

　社会心理学者ハドリー・キャントリルは、アメリカ世論研究所のデータを分析し、100万人近い市民が「火星人パニック」を起こしたと結論づけた。キャントリルの研究は長い間、メディアがパニックを引き起こす力を持つ「弾丸効果理論」の実例とされた。

　だが、のちの研究者がキャントリルの研究とドラマ直後の新聞を検証した結果、パニック現象はごくわずかだとわかった。火星人パニックは今では、ラジオ台頭に危機感をいだいた新聞によるデマが原因だと考えられている。

　キャントリルが使った研究所のデータは、放送6週間後に行われた調査をもとにしており、この間に調査対象になった人々の記憶が、新聞のセンセーショナルな報道の影響を受け、それに沿った内容に変容したと考えられている。

　当初は本物のニュースと勘違いした人も、その多くは警察や知人に真偽を確認した。パニックを起こした人はごく少なかった。

第8章　メディアの歴史

１．メディアの曙

　メディアという用語の守備範囲は広い。話し言葉も文字も、広義ではメディア
である。文字の誕生がいつなのか、正確なことは分かっていない。古代シュメー
ルの都市国家は今から 6000 年ほど前、粘土板にくさび文字を刻み、国政や祭祀
に関する重要情報を記録した。古代エジプトでは、パピルスと呼ばれる紙の原型
に象形文字で王の偉業や政令を記した。

　古代ローマ時代には「アクタ・ディウルナ（Acta Diurna）」と呼ばれる政府広
報文書が広場などに掲示された。「ディウルナリス（Diurnalis ＝日々の)」はジャー
ナル、ジャーナリズムの語源である。

　欧州では長く手書きの手紙が、主要なメッセージ媒体だった。中世のイタリア
商人は、経済や政治に関する情報を記録し、同業者間で情報交換を行うようになっ
た。のちには手書きニュースレターとして販売もされた。

　15 世紀中ごろ、大きな情報革命が起きる。ドイツの鍛冶職人ヨハネス・グーテ
ンベルクによって活版印刷が実用化された。活字、火薬、羅針盤はルネサンスの
三大発明と言われる。いずれも中国起源だが、イスラム商人がヨーロッパに伝え、
中世欧州人たちがこれらの外来技術を改良して実用性を高めた。正確な羅針盤は
大航海時代の幕を開き、火薬は小銃・大砲の発明と相まって欧州諸国の軍事力を
飛躍的に高めた。

　グーテンベルクが金属活字で最初に印刷したのはラテン語の聖書だった。カト
リック教会は当時、収益向上のために活版印刷を使って大量の免罪符を発行した。
だが、ペストの大流行を経て教会の権威が揺らぐ中、一般市民でも読める自国語
版の聖書が大量に出回ると、教会の免罪符ビジネスに疑問の声が挙がった。活版
印刷は宗教改革の引き金となった。

　世界最古の新聞は 1536 年にベネチアで誕生した「ガゼット」とされる。発行
は不定期だった。1609 年にはドイツで週刊紙「レラチオン」が発行され、1660
年にはドイツで最初の日刊紙「ライプチッガー・ツァイトゥング」が創刊された。

　英国では、ドイツで印刷技術を学んだウイリアム・キャクストンが 15 世紀に、

ウエストミンスター教会の一角で印刷所を開いた。かれの印刷所はのちに、現在も印刷業の中心であるフリート街に移るが、ウエストミンスターは英国メディア誕生の地とされる。

　キャクストンの印刷機は、グーテンベルグの印刷機同様、ワイン製造の圧縮機（Press）にヒントを得たもので、英国では新聞や出版産業さらには報道機関そのものがプレスと呼ばれるようになった。

　英国最初のニュースメディアは、コラント（Coranto）と呼ばれる本の形で発行された。現存する最古のニュース報道は、1513 年 9 月にイングランド北部フロッデンで、イングランド軍がスコットランドを破ったフロッデンの戦いを伝える。洋の東西を問わず、戦争は社会的な注目を集める大ニュースである。

　17 世紀の英国では、議会を無視した国王の課税強化をめぐり、議会派と王党派の内乱が起きた。当時、印刷物の出版には政府の許可が必要だったが、双方の勢力は政治的プロパガンダを広めるために多数のニュース本を発行した。

　中国では 11 世紀までに木製活字が発明された。朝鮮や日本にもその技術が伝えられたが、漢字の文字数の多さが障害となり、日本では活字は廃れ、木版による印刷が続いた。

　江戸時代の日本では、不定期の印刷媒体の「瓦版」がたびたび発行された。瓦版は木版の一枚刷りで事件や出来事を伝えるものであったが、幕府の取り締まりを恐れて、題号もなく発行者も不明のことが多かった。報道というよりは事件を題材に面白おかしくストーリーを作りあげることが多く、新聞とは別物と考えられている。現存最古の瓦版は、1615 年の大坂夏の陣の徳川側の勝利を伝える。瓦版の呼び名は、江戸時代後期に使われるようになったもので、登場初期は「読売、刷り物」などと呼ばれた。

２．日本の新聞

　日本で最初に「新聞」と名乗ったのは 1862 年 1 月に発行された「官板バタヒア新聞」だ。インドネシアのジャカルタで発行された新聞を、幕府の洋書調所が翻訳して要約した印刷物である。一般に広く販売されるニュース媒体ではなかった。幕府は従来、オランダの長崎商館長が献上する和蘭風説書によって海外情報を入手していたが、ペリー来航以来、強まり続ける開国圧力の中で、海外情報の

収集に力を入れるようになっていた。

　現在のように、一般市民を読者とする最初の日刊紙は、1871 年（明治 4 年）創刊の横浜毎日新聞である。編集は、のちに読売新聞の初代社長となる子安峻が担った。社名は似ているが、現在の毎日新聞とは関係ない。翌年（明治 5 年）に創刊された東京日日新聞が毎日新聞の前身だ。

　新聞は以降、政府の動向に強く影響を受けながらも、資本主義や民主主義が社会に浸透するにつれ、少しずつ形を変えながら部数を伸ばした。明治初期の新聞の形態は大きく二つに分かれる。

　一つは、政党や政治家が特定の主義主張を掲げて発行した政論新聞や政党機関紙的な新聞だ。紙面サイズが現在の新聞よりも大きかったことから「大新聞（おおしんぶん）」と呼ばれた。これらの新聞は、文語体で書かれ、旧武士層が主な読者だった。

　もう一つが、庶民向けに演芸ネタや事件、著名人スキャンダルなどを平易な口語体の文章で伝える新聞だ。小ぶりな紙面サイズから「小新聞（こしんぶん）」と呼ばれた。1874 年（明治 7 年）創刊の読売新聞、1879 年（明治 11 年）創刊の朝日新聞はともに小新聞として創刊した。小新聞はふりがな付き・絵入りで、価格も大新聞の半分くらいと安価なため、次第に読者を増やしていく。現在でも発行されている最も古い全国紙は、毎日新聞(創刊時は東京日日新聞)である。東京日日新聞は当初、大新聞として出発した。

　明治政府は当初、許可制と事後検閲を取り入れたものの、多数の新聞の発行を認めた。だが、征韓論を巡る政府の内部分裂、明治 14 年政変[1]などを受けて、新聞紙上で政治的議論が高まり自由民権運動が活発化すると、政府は規制強化のために新聞紙条例や讒謗律を制定し、民権派の大新聞を弾圧した。

　弾圧を受けた大新聞は廃刊するか、主義主張よりも報道に重きをおく新聞に姿を変えていった。小新聞も、スキャンダルや事件ネタばかりでなく、政治報道や社説にも力を入れるようになり、大新聞と小新聞が融合する形で、ニュース報道中心の現在の新聞の原型が形成された。

　1　北海道開拓使官有物払下げ事件を巡り、藩閥政治に批判が高まると、政府は 1890 年（明治 23 年）に国会を開設すると発表し、英国流の民主的議会開設を求める急進改革派の大隈重信を政府から追放した。

政党から中立的な独立系新聞としては、福澤諭吉が創刊した「時事新報」が知られるが、関東大震災で被災した後、経営が傾き廃刊した。徳富蘇峰の「国民新聞」は当初、平民主義と政治的中立をうたったが、蘇峰自身が三国干渉後に国家主義的な傾向を強めて藩閥政治に接近した。国民新聞は「御用新聞」と呼ばれた。

　1889年に公布された大日本帝国憲法は、第29条で「日本臣民ハ法律ノ範囲内ニ於テ言論著作印行集会及結社ノ自由ヲ有ス」と、一定の言論の自由を認めた。言論の自由が初めて憲法に明記されたが、「法律の範囲内」という一般的・抽象的な制約が可能で、第2次世界大戦終了まで言論は厳しく制限された。また、憲法8条は天皇の緊急勅令を定め、政府が議会の同意を得ずに言論を規制することも可能だった。

　日清・日露二つの戦争は、国民のニュースへの関心をさらに高めた。勝ち組の新聞社は部数を伸ばし、企業としての経営基盤を安定させる一方、中小新聞社との業績格差が広がった。

　1909年には新聞紙条例の改正法として新聞紙法が制定された。同法は第2次世界大戦が終わるまで、基本的な言論規制法として新聞の自由を縛った。1925年（大正14年）には、普通選挙法と抱き合わせで、治安維持法が制定された。悪名高い同法は、治安を害する記事、軍事・外交に関する報道を広範に制限した。同じ年に、共産革命後のソ連との国交が樹立したことで、共産主義的な言論が流入するのを警戒し、関連する印刷物を厳しく取り締まった。

　1931年陸軍の一部が暴走し、満州事変が始まった。政党政治の腐敗から軍国主義がはびこりつつあった国内では、多くの新聞社が軍部の独走を支持した。軍部に批判的な新聞は、同業他社から「反軍的である」などと批判された。

　こうした状況にあっても、信濃毎日新聞の桐生悠々は「関東防空大演習を嗤ふ」と題した社説で、「敵機を関東の空に、帝都の空に迎へ撃つといふことは、我軍の敗北そのものである」と、1933年（昭和8年）夏に行われた大演習を批判した。軍事的に真っ当な主張だったが、軍人会の不買運動に遭い、桐生は退社を余儀なくされた。

　1941年には新聞事業令によって新聞・雑誌の許可制度が復活し、政府の1県1紙原則による新聞統合も進められた。戦争報道は、戦意高揚の宣伝と大本営発表を伝えるだけの存在となっていった。

　敗戦後、1947 年に基本的人権の尊重をうたう日本国憲法が施行された。第 21 条に「集会結社及び言論出版その他一切の表現の自由はこれを保障する」と表現の自由が明記された。

　GHQ（連合国軍最高司令官総司令部）占領下でも言論統制は続いたが、1952 年のサンフランシスコ講和条約発効で、ようやく近代的な言論の自由が実現した。

3．放送の時代

　日本の放送は 1925 年、東京、名古屋、大阪で３つの放送局が同時に開局したことに始まる。３つの放送局は翌年、日本放送協会（NHK）に統合され、戦前は NHK だけが唯一の放送局だった。戦後は、民間事業者の参入が認められた。

　テレビ放送は 1953 年に始まった。NHK の半年後に日本テレビが開局し、ラジオ同様に NHK と民放が共存する放送界の構図が出来上がった。初期の受信機は高額で、庶民にとってテレビは街頭や飲食店などで楽しむものだった。その後、高度経済成長を経て所得が向上し、1959 年の皇太子ご成婚前後に急速に普及が進んだ。テレビの世帯普及率は東京五輪開催の 1964 年に 90％を超えた。

　放送制度の根幹を定めるのが放送法や電波法である。放送事業を行うには免許が必要になる。放送の内容については、新聞・雑誌など印刷メディアと違い、政治的公平、多角的な論点の提示などが要求された。放送に対する法規制は、電波の希少性が主な理由とされるが、ケーブルテレビ、衛星放送、インターネットの普及で合理性を失いつつある。

　テレビが印刷メディアと根本的に違うのは、現場の様子をリアルな映像として切り取って見せる点にある。日本で初めて衛星カラー中継が行われたのが 1963 年だ。通信衛星リレー1 号による実験放送は、ケネディ大統領暗殺の瞬間を生々しく伝えた。

　印刷メディアの記事と違って、映像は記者の主観を排した客観的なものと思いがちだが、放送されるのは取材のほんの一部分であり、編集過程で削ぎ落とされたシーンが多数ある。私たちはカメラマンの視点で出来事を見ているのであって、物事の全体像を見ているわけではない。別アングルから見ると、全く異なる光景が見えるかもしれない。

1991 年に勃発した湾岸戦争[2]では、米国を中心とする多国籍軍が精密誘導弾で
イラク軍拠点をピンポイントで空爆する映像が盛んに報道され、「テレビゲーム
ウォー」「ニンテンドーウォー」という言葉が生まれた。現実の地上ではイラク側
のみならず、多国籍軍側にも多数の死者が出たが、悲惨な地上の映像はほとんど
報道されなかった。

　理由は複数ある。一つは米軍のベトナム戦争時の反省だ。米国はベトナムで、
ジャーナリストに取材の自由を広く認めたため、戦場の悲惨な映像が出回った。
戦闘が長期化したことで、反戦運動は世界中に広がった。この反省から、米国は
湾岸戦争で取材活動を厳しく制限した。

　メディアはバグダットに特派員を派遣したが、イラク側の監視を受け、イラク
に不都合な情報の報道は制限された。メディア側も悲惨な映像は、視聴者の気分
を害するとして報道を避けた。

　テレビの映像は現実の一部だ。テレビ局が意図的に伝えなかったわけではない
にしても、そこから漏れている事実は常にある。

　民放地上波テレビ局は、売り上げの約 8 割が CM スポーサーからの広告費であ
る。番組制作費は、広告クライアントが支払う広告費が原資であり、最終的には、
私たち消費者が購入する商品やサービスの価格に転嫁される。従って、多くの視
聴者が関心を持つ番組を制作し、視聴率を上げることが重要な経営課題になる。

　広告はテレビに限らず民間メディア共通の収益源だが、民放の広告依存度は新
聞社より高い。新聞社は、読者が支払う購読料の方が企業収益に占めるウエイト
は大きい。部数減が続く中、企業幹部は購読者の反応により敏感になっている。

　テレビ局の顧客はスポンサー企業であって、私たち視聴者の目はテレビ局がス
ポンサーに販売する商品だと言われる。この点はソーシャルメディアと似ている。
無料で提供されるソーシャルメディアの本当の顧客は広告主であり、私たちユー
ザーではない。かれらの商品は我々の注意（Attention）だ。

GAFA などの巨大 IT 企業を研究するスコット・ギャロウェイによれば、メタ

<hr>

　2　湾岸戦争　イラクのサダム・フセイン大統領が 1990 年 8 月 2 日、石油資源豊富な隣
国クェートの併合を狙って侵攻した。国連安保理はイラクに即時撤退を求め、武力行使を容
認した。米国を中心とする多国籍軍が翌年 1 月に軍事介入し、イラク軍は約 1 か月後に撤退
した。フセイン政権は 1980 年代の原油価格低迷に加え、過去の戦争（イラン・イラク戦争）
で疲弊した経済立て直しのため、クェートを狙った。

は私たち人間を「広告注視リソースユニット」と捉え、個々の「広告注視リソースユニット」にカスタマイズされた最適なコンテンツを提供することで、フェイスブックの視聴数をいくらでも増やすことができるとしている。

4. キー局とローカル局

　日本の地上波テレビ局で全国放送の免許を持つのは NHK だけである。民放は、キー局と呼ばれる在京5局を中心に、全国的な系列ネットワークを形成している。系列ネットワークの役割は二つある。

　①取材ネットワークの機能。ローカル局は地元のニュースを取材し、全国の同一系列ネットワーク局に配信する。
　②放送ネットワークの機能。キー局は制作した番組を、全国各地の系列ローカル局に配信する。ローカル局の自主制作番組は 10%前後に過ぎない。ローカル局は放送コンテンツの多くをキー局に頼っている。

　民放地上波はほとんどの地域で、県単位の放送エリアが設定されている。キー局が全国放送をするには、系列局の電波を使う必要がある。キー局は全国放送のために、スポンサーから受け取った CM 料金から系列局に電波の利用料を支払う。
　国は、同一事業者による複数放送局の支配を防ぐため「マスメディア集中排除原則」を定め、民放への出資規制を行ってきた。だが、民放ローカル局は自主制作番組の収益性が低く、放送設備の投資負担もかさむため、経営環境は悪化している。
　このため、放送法改正で「認定放送持株会社」制度が作られ、キー局は持ち株会社化により最大 12 の放送局を子会社化できるようになった。総務省はグループ経営でローカル局の経営効率化を高める狙いだったが、実際に持ち株会社の傘下に入ったのは在京キー局や BS・CS 局がほとんどだった。

【新聞の父　ヒコとブラック】

　幕府が初めて新聞と名のついた「官板バタヒア新聞」を発行したころ、民間でも新聞発行の機運が高まった。1864 年 6 月、手書き新聞「新聞誌（のちに海外新聞）」発行を主導したのが今の兵庫県で生まれ、日本人で初めて米国市民権を得たジョセフ・ヒコだった。

　ヒコは 10 代から義父を手伝って船乗りなった。1951 年、江戸への航海途中に遭難し 2 か月近く海上を漂流、米国船に助けられアメリカで教育を受けた。幕末に日本に戻り米国領事館の通訳を務めた後は、横浜で貿易商をしていた。ヒコは岡山県出身の岸田吟香にアメリカにニュースペーパーというものがあると説明し、新聞誌の創刊を持ちかけた。ヒコが外国船が運んでくる英字紙を口述で翻訳し、岸田が正確な日本語に直した。

　在留外国人たちも「官板バタヒア新聞」創刊の前から、長崎などで英字紙を発行していた。1867 年、スコットランド出身のジョン・R・ブラックが初の日刊英字紙「The Japan Gazette」を発行した。ブラックはGazette 創刊前から在留外国人向けの英字紙編集に携わっていたが、日本語新聞発行を強く望んだ。著書で次のように動機を語っている。

　「私がはじめて日本に到着して以来、たまたま会ったサムライのなかには、外国のことについて、子供のように無知であり、同時に知識と教育を得たいと熱望している者が大勢いたので、彼らの望むものを与えるには、新聞の記事をおいて、他にそれ以上の良法はないと、と考えていたからだ」。

　ブラックは明治 5 年、東京初の本格的な日本語日刊紙「日新真事誌」（The Reliable Daily News）を創刊した。ブラックは裏付けを取らずに、世間の噂話を面白おかしく書く先行の「横浜毎日新聞「東京日々新聞」を批判した。草創期の日本の新聞は、ブラックの目から見ると、事実と噂話が混じった瓦版の延長だった。

　ブラックの新聞は、政府の秘密文書を立て続けにスクープした。しかし、明治政府はブラックの自由な報道を警戒し、太政官の一機関の顧問に祭りあげ、日本の新聞編集から外国人を締め出した。

第9章　誤報と虚報

1．サンゴ事件

　1989 年 4 月 20 日の朝日新聞夕刊に「K・Y」と刻み込まれた無残なサンゴの写真が掲載された。写真をメインにした一面連載「写'89『地球は何色?』」の一つで、環境破壊を嘆く記事には「サンゴ汚した K・Y ってだれだ」という見出しが添えられていた。カメラマンとは別の記者が書いた記事の内容は次の通りである。

　　これは一体なんのつもりだろう。沖縄・八重山群島西表島の西端、崎山湾へ、長径 8 メートルという巨大なアザミサンゴを撮影に行った私たちの同僚は、この「K・Y」のイニシアルを見つけたとき、しばし言葉を失った。

　　巨大サンゴの発見は、7 年前。水深 15 メートルのなだらかな斜面に、おわんを伏せたような形。高さ 4 メートル、周囲は 20 メートルもあって、世界最大とギネスブックも認め、環境庁はその翌年、周辺を、人の手を加えてはならない海洋初の「自然環境保全地域」と「海中特別地区」に指定した。

　　たちまち有名になったことが、巨大サンゴを無残な姿にした。島を訪れるダイバーは年間 3000 人にも膨れあがって、よく見るとサンゴは、水中ナイフの傷やら、空気ボンベがぶつかった跡やらで、もはや満身傷だらけ。それもたやすく消えない傷なのだ。

　　日本人は、落書きにかけては今や世界に冠たる民族かもしれない。だけどこれは、将来の人たちが見たら、80 年代日本人の記念碑になるに違いない。100 年単位で育ってきたものを、瞬時に傷つけて恥じない、精神の貧しさの、すさんだ心の……。

　　にしても、一体「K・Y」ってだれだ。

　「K・Y」は日本人と決め、日本人全体が「落書きにかけては世界に冠たる民族」だと憂い、精神の貧しさを厳しく告発した。が、貴重なサンゴに、「K・Y」の文字を刻み込んだのは当の朝日のカメラマンだった。写真は捏造だった。同社の記事データベースをみると、記事に続き、次のおことわりが付されている。

<おことわり> 写 89「地球は何色？」の写真については、本社の取材に過ちがありました。5月16日付の朝刊1面に「本社取材に行き過ぎ」の「おわび」、同20日付の朝刊1面に「落書き、ねつ造でした」の「おわび」を掲載しています。朝日新聞社

1989年（平成元年）は新聞業界にとって不名誉な年だった。4月の朝日サンゴ虚報に続き、6月に毎日新聞の「グリコ事件誤報」、8月には読売新聞の「宮崎勤のアジト発見誤報」が続いた。全国紙3紙の一連の誤報は「平成元年の3大誤報」「サンゴ・グリコ・アジト」などと言われる。

グリコ事件は、「かい人21面相」と名乗る犯人グループが1984年にグリコの江崎社長を誘拐したのに続き、森永など複数の食品会社の製品に毒物を混入させ、食品会社からカネを脅し取ろうとした未解決事件を指す。長期にわたって社会を不安に陥れた事件を巡り、取材は過熱し、複数の誤報が生じた。

毎日新聞は1989年6月1日の夕刊で「グリコ事件　犯人取り調べ」と大きな見出しをつけた記事で「事件は発生後、約5年2か月ぶりに解決に向かった」と報じた。しかし、捜査は進展せず、毎日は6月10日の紙面で「過剰な紙面扱い」だったと歯切れ悪く弁解した。

読者には関係ないが、毎日が弁解したように、夕刊の紙面制作にあてられる時間はどこの社も短い。常に締め切り時刻との戦いである。編集局内がドタバタしているのは日常的な光景だ。記事のチェックに十分な時間が割けず、誤報が生じやすい環境である。

グリコ事件では、読売も1994年3月25日朝刊で毎日と同様、事件解決が間近であるかのような報道を行った。読者から批判があったのか、同紙は6月2日朝刊で「情報の検証に、甘さがあった」と釈明した。

アジト誤報は、1988年から89年にかけて東京や埼玉で発生した幼女連続誘拐殺人事件に関するものである。犯人の宮崎勤は4人の幼女を次々と殺害し、遺骨を遺族に送りつけたり、遺体をバラバラにしたりするなど常軌を逸した犯行を続けた。世間の関心は高く、報道は過熱した。89年8月11日、宮崎が逮捕されても、猟奇的殺人の続報は続いた。メディアの競争が激しくなる中、読売は8月17日に「宮崎のアジト発見」と夕刊一面トップで報じた。奥多摩山中に宮崎の犯行

拠点があり、そこで証拠品もたくさん押収されたという。しかし、警視庁や埼玉県警は読売報道を直ちに否定し、同紙は翌 18 日朝刊一面で誤報を認めるお詫びを掲載した。

　「平成元年の三大誤報」は、大々的に報じた「ニュース」が事実に反している点は共通だが、悪質性に差がある。問題のあるニュース報道を①誤報②虚報③やらせ―の 3 つにわけて考える。

①誤報は、記者が不注意や取材不足で事実認識を誤り、事実に反する報道を行うことである。
②虚報は、記者が事実に反することを知って、または、存在しない事実をデッチあげることだ。捏造と言い換えてもいい。誤報と虚報の最大の違いは、記者自身が記事内容が事実に反すると認識していたかどうかだ。
③やらせは、情報を伝える際に過度な演出をすることである。表彰式シーンを撮影するのに受賞者にカメラマンの方を向いてもらうなど罪のないものから、テレビ局スタッフが暴走族に暴走を依頼するなど極めて悪質なものまで幅がある。

　「平成元年の三大誤報」のうち、毎日のグリコ、読売のアジトは誤報にあたる。2 つの誤報は、社会部の一線記者がしのぎを削る取材競争の中で功を焦り、自分の思い込みに沿って、断片的な警察情報を都合よくつなぎ合わせた結果、生まれたと考えられる。これに対し、朝日のサンゴは典型的な虚報だ。

　誤報も虚報も、社会に悪影響を与える点では大差ないかもしれない。しかし、ジャーナリストの職業倫理、メディアの信頼失墜の観点からみると、両者の差は大きい。サンゴ事件は、朝日のカメラマン自らが貴重なアザミサンゴを傷つけており、極めて悪質だ。良い写真を撮り、社内で評価されためには「100 年単位で育ってきたものを、瞬時に傷つけて恥じない、精神の貧しさの、すさんだ心」と批判されたのも当然であった。

２．発覚後の対応

　サンゴ事件後の朝日の対応も非常にまずいものだった。地元の沖縄県竹富町ダ

イビング組合が、サンゴに書かれた落書きは取材者によるものではないかと指摘しても、当初は古い傷を指でなぞったが捏造はしていないというカメラマンの主張を鵜呑みして、朝日は「取材に行き過ぎがあった」と中途半端な謝罪をした。地元からさらに強い抗議を受け、再調査を行うと、捏造を否定したカメラマンも、カメラのストロボの柄の金属部分で文字を刻み込んだことを認めた。

　カメラマンは懲戒解雇され、当時の一柳社長が引責辞任した。一柳は辞任に際し「どう考えても、普通の誤報といったものではありません。また、取材の行き過ぎといったことでもありません。まさに読者の皆さまを愚弄するものであり、故意に世の中を欺いたものと言われても、返す言葉がありません。読者の皆さまから、また世の中の多くの方から、怒りの声が集中したのも当然です」と述べた。朝日は同年6月、政財界を揺るがすリクルートの贈収賄事件をスクープしたが、サンゴ事件のため、日本新聞協会賞を受賞することが出来なかったと言われている。

　報道の役割は、ニュース価値のある出来事をできるだけ正確に伝えることにある。虚報・捏造は、社会に対するメディアの背信行為である。

　記事捏造は、米国の有力紙でも起きている。とりわけ有名なのが1980年にワシントン・ポストの1面を飾ったジャネット・クックの「ジミーの世界（Jimmy's World）」である。クックは、8歳の少年ジミーが友人から毎日のように注射され、ヘロイン中毒になっていく様子を生々しい会話とともに描き、米国ジャーナリズムで最も権威あるピューリッツァー賞を受賞した。

　当時のワシントン市長は、ポスト紙にジミーの身元を明かすよう要請したが、クックはニュースソースの秘匿を理由に拒んだ。警察の大掛かりな捜査にもかかわらず、ジミーは見つからず、記事捏造が疑われた。クックはやがて記事が全くの創作だったと告白し、ピューリッツァー賞を返上した。ポスト紙は虚報を謝罪し、長文の検証記事を掲載した。

　2003年にはニューヨーク・タイムズのジェイソン・ブレアが数々の記事を捏造したり、盗用したことが発覚した。ブレアは、息子がイラクで戦死した母親のインタビュー記事を執筆したが、内容がテキサスの地元紙の記事に酷似していた。指摘を受けたニューヨーク・タイムズが調査したところ、ブレアが書いた記事73本のうち、36本が盗用や捏造だと判明した。

　捏造発覚後、ブレアは「私は嘘を繰り返した。どこにいたかも嘘。記事をどう書いたかも嘘」と回想録に記した。社内では盗用発覚前から、ブレアの記事の信用性に疑問をもつ者がいたが、自発的な調査は行われなかった。ニューヨーク・タイムズは2003年5月11日の紙面で4ページを割き、ブレアの捏造報道を検証した。

　誤報は、現実問題として避けられない面がある。誤解を恐れずにいえば、現在進行中の出来事を伝えるニュースに間違いは付き物である。事件や事故の発生直後の現場は混乱している。矛盾する情報が錯綜し、確実なことはほとんど分からないこともある。それでも、報道機関は決められた締め切り時刻までに記事を仕上げ、わかる範囲の事実を社会に伝えるのが仕事だ。初報時点で事実だと思われたことが、のちに事実ではなかったと判明することがしばしばある。

　新聞社は大事件・大災害があれば、通常の作業工程にない「取り直し版」「追いかけ版」という新しい版は作って、記事の修正や新事実の追加を行っているが、間違いをゼロにすることは出来ない。ニュースはほとんどが「途中経過」であり、記者たちが把握できる情報には限りがある。読者・視聴者も、メディアの取材に限らず、調査というものには限界があると知っておく必要がある。もちろん、確信犯による虚報は全く別問題だ。

3．二つの「吉田」問題

　朝日新聞は2014年、「慰安婦狩り」をしたという吉田清治の証言記事を取り消し、東電福島第一原発の吉田昌郎所長調書のスクープ記事[1]も取り消した。

　朝日の反日、反原発意識が生んだ誤報だと、同業他社を含め社会からの厳しい批判にさらされた。さらに、「慰安婦狩り」撤回の対応の問題点を指摘した池上彰のコラムを朝日が掲載拒否したことが他紙にスッパ抜かれ傷口を広げた。多様な言論の重要性を説く過去の主張と矛盾する行為で、朝日社内でも疑問の声が広

　1　朝日新聞は、福島第一原発事故に関する政府の調査・検証委員会が吉田昌郎（まさお）元所長から聴取した調書を入手。2014年5月20日朝刊で、同原発の所員の9割にあたる約650人が東日本大震災の4日後、所長の待機命令に違反して福島第二原発へ撤退していたと報じた。しかし、所員や作業員に命令違反の事実はなく、報道直後から記事に疑問の声が寄せられた。朝日の木村伊量社長は同年9月11日になって記事の誤りを認めて取り消し、謝罪した。

がったという。朝日は池上に謝罪し、コラムは再開された。

　朝日の検証記事によれば、朝日が日本軍の慰安婦問題を記事化したのは、1982年9月2日の大阪本社版の社会面が最初だ。元下関労報動員部長を自称する吉田清治が大阪市内の講演で、昭和18年に済州島で日本兵とともに200人の若い女性を拉致し、皇軍慰問女子挺身隊という名で戦地へ送り出したと証言する様子を伝えた。

　朝日新聞はその後も繰り返し、吉田清治の証言に基づく記事を掲載した。宮沢首相（当時）の訪韓直前の1992年1月11日の朝刊一面では「慰安所　軍関与示す資料」と軍が慰安婦強制連行に関与した証拠が見つかったと報じた。報道を受け、日本は、従軍慰安婦問題で初めて公式に謝罪した。

　朝日の一連の報道が、同年8月の河野談話発表、96年の国連クマラスワミ報告にも大きな影響を与えたといわれる。吉田清治の証言は、早くから信憑性に疑問の声が挙がっていた。歴史家の秦郁夫は92年3月に済州島で現地調査を行い、被害者であるはずの現地島民が、吉田清治証言はデタラメだと憤慨している様子を産経新聞紙上で伝えた。

　秦は吉田清治を「職業的詐話師」と呼ぶ。一連の慰安婦強制連行報道のきっかけとなった吉田証言は、全くの虚言であることが歴史家やジャーナリストの間で常識になった。朝日の慰安婦報道は重要な根拠を失った。

　しかし、朝日は1997年3月31日朝刊の特集面でも「従軍慰安婦　消せない事実」の見出しで、吉田証言の真偽は確認できないが、慰安婦の問題は「強制連行」の有無ではなく「広義の強制性」があったかどうかの問題だと主張した。

　海外では、韓国が広めた「性奴隷（Sex Slaves）」という表現が定着した。慰安婦問題は今も、日韓外交の喉元に刺さった棘のように関係改善の大きな障害となっている。

　吉田証言初報から32年。朝日は2014年8月5日、6日の朝刊で「慰安婦問題を考える」特集を組み、吉田証言が虚偽であることを認め、過去の慰安婦報道の記事のうち16本を取り消した。しかし、誤報に気づきながら長く目をつむり続けてきたこと、記事を撤回しながら謝罪しなかったこと、さらにその点を突いた池上のコラムの掲載を拒否したことで、批判が強まった。保守系メディアや政治家はこぞって、日本の国際的信用を毀損したとして朝日を批判した。

　朝日は結局、訂正の遅れを謝罪した上で、慰安婦誤報とその後の対応の遅れについて、社外有識者からなる第三者委員会に検証を委嘱した。委員会が同年 12 月 22 日に発表した報告書は、吉田証言の信憑性が低いとわかった後も、吉田氏によるとなど引用形式にする形で、安易に吉田証言に基づく報道を続けたこと、97 年特集面が吉田証言の「真偽は確認できない」というあいまいに表現で幕引きを図り、訂正・謝罪の機会を逃したことを致命的な過ちと指摘した。慰安婦問題を日韓の政治問題にするため、首相訪韓直前を狙って報道したかどうかは不明だ。

　何十年も前の出来事を取りあげた場合に、部分的に間違いがあることは珍しくはない。昭和天皇が死去した 80 年代後半から 90 年代初めてにかけて、日本の戦争責任がジャーナリズムの世界でクローズアップされた。昭和天皇の戦争責任に言及した本島長崎市長は 1990 年、右翼に銃撃され重傷を負った。

　当時、多くの記者が強制連行や慰安婦に関する資料を手に入れようとしていた。吉田証言を鵜呑みにして裏付け取材を怠ったのは、多くの同業他社も同じだった。岩波書店が出版した書籍でも、吉田は自責の念に駆られる良心的日本人として紹介されていた。

　当時の時代状況を考えれば、多くの記者が衝撃的な告白を鵜呑みにした可能性は高い。問題は、吉田証言が虚偽であることが 90 年代初めに指摘され、誤報の可能性が高いとわかったにも関わらず、「広義の強制性はある」と論点をずらし、吉田の虚言を放置したことにある。

　報道機関には時折、全くのウソをニュースとして持ち込んでくる人物がいる。読売は 2012 年 10 月 11 日朝刊一面トップで「iPS 心筋を移植　初の臨床応用」と報じた。東大医学部附属病院の特任研究員だった森口尚史は、ハーバード大研究員と肩書を偽り、東大の研究室で取材に応じ、自分の研究成果を誇った。しかし、関係者が共同研究を否定し、読売は 2 日後に事実確認が不十分だったと誤報を認めた。その後、過去に報じた森口関連の記事 7 本中 6 本を誤報と判断して撤回、誤報のおわびと森口関連記事の検証紙面を掲載した。読売報道後、数社が後追い記事で誤報を出したが、朝日は森口の話は信頼できないと判断したらしく、報道を控えた。

第 10 章　陰謀論と米議会襲撃

1．米連邦議会襲撃

　2021 年 1 月 6 日、アメリカの民主主義と選挙制度が危機にさらされた。トランプ大統領（当時）はこの日、ホワイトハウス近くで「Save America」と称する集会を開いた。トランプは前年秋の大統領選で敗北が決定的になった後も、選挙結果の受け入れを拒否した。この日も集まった支持者を前に「選挙は盗まれた」と根拠のない主張を繰り返した。

　議会は当時、バイデンの当選を確定する作業を行っていた。トランプは聴衆に、議会の認証作業は「民主主義に対するひどい攻撃だ」と述べ、連邦議会へ行き、認証作業を妨害するよう扇動した。興奮した数千の群衆は、警官隊の防御を破って連邦議会に侵入し、数時間にわたって占拠した。トランプ政権の副大統領マイク・ペンスは敗戦を受け入れ、議会の認証作業に加わっていたが、群衆の中には、ペンスは裏切り者だとして「ペンスを吊るせ」とプラカードを掲げる者もいた。混乱の中で、5 人が死亡し、100 人を超す警察官が負傷した。

　トランプは米大統領として史上初めて二度目の弾劾裁判に掛けられたが、共和党が多数を占める上院は無罪判決を下した。アメリカの大統領弾劾裁判は、下院が起訴するかどうかを決め、上院が有罪か無罪かを決める。この事件を巡り、下院特別調査委員会はトランプの関与や暴動の背後関係の調査を進め、2022 年 10 月 13 日に委員 9 人の全員一致でトランプに証言を求める召喚状を出すことを決めた。トランプは、機密文書持ち出し疑惑でフロリダ州の豪邸が家宅捜索を受け、不動産事業を巡る不正疑惑ではニューヨーク州司法長官に起訴されている。

　連邦議会襲撃には、Q アノンと呼ばれる陰謀論信者が数多く加わった。Q アノンは、2017 年から 2020 年にかけて英語圏のネット匿名掲示板に頻繁に投稿した謎の人物「Q」に共鳴するフォロワーたちだ。Q は米政府内に民主党と役人らの「影の政府（Deep State）」があり、主流メディアと一体となって児童買春や悪魔崇拝を行っていると示唆する投稿を繰り返した。トランプは「影の政府」と戦う救世主的な存在だと主張する。

　Q アノンは Q が政府の機密情報に触れられる人物だと信じ、Q の投稿について

ネット上でさまざまな解釈を披露し合い、米政界を牛耳る「影の政府」の陰謀について語り合った。

　そこで語られるストーリーは、2016 年のピザゲート事件と同様、事実無根の荒唐無稽なものだ。トランプ政権誕生時、ネットの匿名掲示板の片隅に集うオルタライト[1] の間で語られていた陰謀論は、SNS を通じて 4 年の間に共和党支持層に広がり、連邦議会を襲撃する勢力になった。

　トランプが 2020 年の再選に失敗し選挙不正を訴える「Stop the Steal」運動を展開したとき、Q アノンは、主流メディアが「隠蔽しようとした真実」を SNS でシェアし、行動を過激化させた。フェイスブックは、大統領選の投開票日が大過なく過ぎたことに安心し、選挙前に設置した「陰謀論タスクフォース」を解散し、暴力的投稿の削除に熱心ではなくなっていたという。

　Q が誰なのか、確かなことはわかっていない。米メディアや研究者の多くは、2022 年の米中間選挙[2]に出馬し予備選で敗退したアジア系米国人のロン・ワトキンスではないかとみている。ロンは朝日新聞の取材に対し、自分は Q でないと言う一方で、Q の投稿した掲示板に数多くの投稿をしたと認めている。

　陰謀論は本質的にカルト（Cult）に似ている。カルトは元々、「儀礼・祭祀」を意味する言葉だが、旧統一教会やオウム真理教などの反社会的な新興宗教の意味で使われることが多い。カルト集団が持つ排他性、カリスマへの帰依は、宗教団体に限らない。Q アノンもこうした傾向が顕著だ。排他的で異見を認めないカルト集団は、ときに極端に内向化して集団自殺を図る一方、社会への反感を募らせ既存の秩序への攻撃を行う。

　Q アノンの陰謀論に共鳴する派生団体は世界各地に広がる。日本でも「神真都（やまと）Q」などの右翼団体がトランプ支持、反ワクチンデモを行っている。

　トランプ本人は 2024 年の選挙で大統領返り咲きを狙っている。司法当局の手が迫る中、共和党内で影響力を維持するため、2022 年米中間選挙でトランプ支持

　1　オルタライト　alt-right は「alternative right」の略でオルタナ右翼ともいう。伝統的保守主義に反発する極右グループのことだが、特定のイデオロギーがあるわけでない。移民や文化の多様性に否定的な点は共通する。

　2　大統領選の中間年に行われる。2022 年の中間選挙では、上院定数 100 のうち 34 議席、下院の全 435 議席が改選になる。全米 50 州中、36 州で知事選も同時に行われた。

候補を支援し、トランプを批判する議員の選挙区に刺客を擁立した。共和党は下院で過半数を回復したが、トランプ旋風は起きなかった。

2. 陰謀論の土壌

　民主主義の母国とも言うべきアメリカで、ポスト真実や陰謀論など事実を軽視する風潮が広がるのはなぜか。政治学、社会学、心理学の見地から、さまざまな要因が指摘されている。概ね共通するのが、米国中間層の衰退に伴う政治的分極化（Political Polarization）の進行だ。

　アメリカは 20 世紀後半、民主党のリベラル路線と共和党の保守路線という政治スタンスの違いが明確になった。共和党がキリスト教右派を取り込むと、イデオロギーの対立が深まり、2009 年誕生のオバマ政権がポリティカル・コレクトネス（Political Correctness）[3]を重視したことで、分断は固定化した。

　ピューリサーチセンターの調査によれば、共和党と民主党それぞれの支持者のイデオロギー指数の中央値の差が年々広がり、共和党支持層の右傾化と民主党支持層の左傾化が進んでいる。リベラル寄りの保守、保守寄りのリベラルは姿を消しつつある。

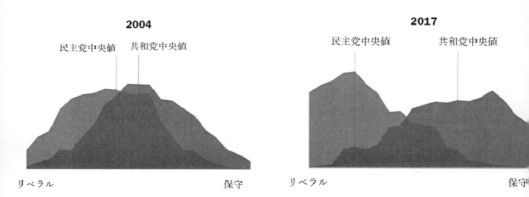

資料 1　Pew Research Center ,The shift in the American public's political values をもとに作成

　3　人種、宗教などに基づく差別的な発言をしないこと。偏見や差別をなくす運動自体を指す場合もある。

　要因は複合的だが、民主党や共和党主流派のエスタブリッシュメント（Establishment、支配的なエリート）に対する「下」の反発が、極端な主張を展開するポピュリストの台頭を招いた面がある。2016 年のトランプの勝利は、既存政党に顧みられていないと感じる「下」からの政治的エスタブリシュメントへの異議申し立てだった。トランプは自分自身、大富豪であるにも関わらず、庶民の不満と不安を汲み取るのには長けていた。当確直後には「忘れ去れた人々（forgotten men and women）が忘れ去れることはない」とスピーチした。

　ポピュリズムは、民主主義と表裏一体である。政治学者の水島治郎は、ポピュリズムは多数派重視のあまり立憲主義[4]を軽視する傾向があり、少数派を排除しかねないとマイナス面を指摘しつつ、既成政治から排除された集団の政治参加を促すプラス面があると説く。

　水島は著書で、ポピュリズムを上品なディナーパーティーに乱入した泥酔客にたとえる。泥酔客は、上品なエリート層が決して口にしないタブーを破る招かざる客だ。しかし、エリートの建前論に不満を抱く大衆の中には、泥酔客の歯に衣着せぬ物言いに共感する者が少なくないのではないかという。

　政治哲学者マイケル・サンデルは、米国の能力主義が勝者のおごりと敗者への軽蔑を生み、社会的分断を促進したと指摘する。能力主義は、敗者の自己責任を強調し、グローバル化の恩恵を受けられなかった庶民の自尊心を失わせた。

　共和党レーガン政権は 1980 年代、市場メカニズムを重視して規制緩和と経済グローバル化を進める新自由主義的政策を進めた。民主党のクリントン、オバマ両大統領は社会保障の充実を目指したが、経済の自由化・グローバル化路線は変わらなかった。

　1980 年から 2021 年にかけて、アメリカの実質 GDP は 3 倍に膨らんだ。しかし、成長の果実はほとんどが富裕層の手に入った。現在、富裕層上位 1 ％の収入は、下位 50％の人々の総額を上回る。OECD によると、貧富の格差を示すジニ係数[5]は 1980 年の 0.307 から 2019 年に 0.395 に広がり、富裕層と貧困層が固定化している。

4　立憲主義　民主的な憲法などによって恣意的な権力行使を抑止しようとする原理。

5　ジニ係数（Gini Coefficient）　所得不平等さを示す指標で、ゼロが絶対的平等、1 に近づくほど不平等の度合いがひどくなる。米国の 2019 年のジニ係数は G 7 最悪の 0.395。

トランプの 2016 年の大統領選勝利を決めたのは、5 大湖周辺の工業地帯ラスト・ベルト（Rust Belt、さびついた地域）の有権者だと言われる。かつて繁栄した工業地帯は、グローバル化による産業空洞化で疲弊し、失業率は上昇し、地域の荒廃が進んだ。かつては民主党の強固な地盤であったが、労働組合の組織率が低下し、選挙ごとに共和党と民主党の候補が拮抗する激戦州となった。

　ラストベルトの労働者は、民主党も共和党主流派も自分たちを無視していると感じていた。「Make America Great Again」のスローガンを掲げ、移民排斥や自由貿易協定の見直しを打ち出すトランプは魅力的に見えた。貧困層転落を怖れる労働者は「何かをやってくれそう」なトランプに賭けた。

　経済的格差の拡大に加えて、キリスト教右派が共和党内で存在感を増したことも大きい。宗教は善悪や正義という根本的な価値観に関わる。保守的右派は、聖書の記述を文字通りに解釈する。胎児の生命は神から授かったと考えるので、人工妊娠中絶には否定的だ。リベラル派が容認する同性愛も受け入れない。価値観が根本的に違う者同士が話し合っても妥協は難しい。

　今世紀に入り、アメリカでは公的な場面で「メリークリスマス」の代わりに「ハッピー・ホリデーズ」が使われるようになった。クリスマスはキリスト教徒の祝祭なので、文化や宗教の多様性を認めるアメリカにそぐわないという理由だ。キリスト教右派は当然、こうしたポリコレ路線に反発する。トランプは「大統領としてメリークリスマスという」と述べ、宗教右派の支持を集めた。

　神学者の森本あんりは、アメリカの土着的キリスト教に起源を持つ「反知性主義（Anti-Intellectualism）」が、社会的分断の背景にあると指摘する。反知性主義は「頭が悪い」「知性がない」という意味合いで使われがちだが、本来は知性そのものを否定するものではなく、知的権威と権力の結合に反対する思想だ。

　欧州でも近年は左右のポピュリスト政党が力を増している。ポピュリストは、既成エリートは腐敗し堕落した存在とみなす。英国では 1980 年代のサッチャー政権時代の新自由主義路線が、労働党ブレア政権にも保守党キャメロン政権にも引き継がれた。

　2016 年、キャメロン首相（当時）は英国内の EU 離脱論を抑えるため、離脱の是非を問う国民投票に踏み切った。国際金融都市ロンドンなどグローバル化の恩恵を受ける地域の住民は、EU 残留を支持した。しかし、イングランド地域の高

卒以下の労働者層や高齢者の多くが予想以上に離脱を支持し、英国は 2020 年に
EU を離脱した。

　2016 年の英米両国の政治的ムーブメントに共通したのは、移民排斥などの排外
的な主張と自国第一主義だった。庶民の多くはグローバル化の恩恵を受けられず、
慣れ親しんだ価値観を揺るがすリベラル派の主張に反発した。既成政治に忘れ去
られ（forgotten people）、取り残された（people left behind）と感じる人々は、
たとえ粗野であっても、自分たちの利益を代弁すると主張するポピュリストが、
既存の政治秩序に風穴をあけてくれると期待した。

3．メディアの党派性とメディア不信

　アメリカの主流メディアの論調は民主党に近い。保守系マスメディアは、FOX
ニュースやシンクレアグループなど数が少なく、ブライトバートやインフォ
ウォーズなど極右のネットメディアが保守層の受け皿となった。米 2 大政党の支
持層の分極化が進んだ背景には、メディア自体の分極化が影響しているとの指摘
がある。

　アメリカはかつて、放送メディアに対し公平原則を定め、テレビ・ラジオは社
会的に重要な争点について、多様な見解を紹介することが求められた。連邦最高
裁も、公平原則が放送局の表現の自由を侵害しないかが争われた裁判で、電波の
希少性などを理由に合衆国憲法に違反しないと認めた。

　しかし、レーガン政権は 1987 年、ケーブルテレビの登場で多チャンネル時代
が実現したので放送番組の多様性を認めるべきだとして、公平原則を撤廃した。

　チャンネルは増えたが、人間の目は増えない。娯楽番組のみならず報道番組で
も視聴率競争が激化し、過激でセンセーショナルな番組が増えた。こうした番組
に反発する視聴者はテレビ離れを起こし、放送局は残るコアな視聴者向けに、よ
り党派色の強い報道をする悪循環に陥った。

　前述のギャラップ社調査によれば、米国民のメディア（新聞、テレビ、ラジオ）
の信頼度は 1976 年に 72％だったが、2016 年には過去最低の 32％に落ち込んだ。
2020 年は 40％と若干回復したが、2021 年は再び 36％に低下した。支持党派別
にみると、民主党支持者の 68％が主流メディアを評価する一方、共和党支持者は
11％しか評価していない。

政治の分極化が進むにつれ、支持政党による有権者居住地域の分化も進んでいる。ジャーナリストのビル・ビショップは、この現象を「大選別（The Big Sort）」と呼ぶ。1976年はどちらかの政党が圧勝する郡（County）に住んでいたアメリカ人は4分の1だったが、2004年には有権者の半数近くが、どちらかの政党が圧勝する郡に居住するようになった。近年の大統領選挙でも、郡ごとの共和党支持、民主党支持がより明確になっているという。

【特殊なアメリカ大統領選】

米国の大統領選は、共和党と民主党の二大政党の争いだ。大統領は1853年以来ずっと、両党から選出されている。選挙は、各党の大統領候補を選ぶ予備選挙と、各党の大統領候補が対決する本選挙の二段階で行われる。前哨戦を含めれば、実質1年以上のロングラン選挙になる。任期は4年で、3選は禁じられている。

本選挙は、有権者が大統領・副大統領にしたいペアを選ぶのだが、形式的には有権者が各州の大統領「選挙人」を選ぶ二段階の選挙方式を採る。投開票は州ごとに行われ、メーンとネブラスカの2州を除き、勝者総取り方式を採る。相手候補を1票でも上回れば、州の全選挙人を獲得できる。このため、実際の票差以上に獲得選挙人数に大きな違いが生じる。2000年と2016年の選挙では、総得票数が少ない候補が、獲得選挙人数で逆転し大統領に選ばれた。

選挙人数は、人口に応じて決まる下院議員数と、各州に2人いる上院議員の合計数だ。全米の選挙人の総数は538人で、過半数の270人以上を獲得した候補が翌年1月20日に大統領に就任する。

近年の選挙では、大都市の多い両大洋側の州は民主党優勢で、中南部の州は共和党が優勢だ。勝利確実な州で票を上積みしても獲得選挙人数は変わらない。各党とも、共和党と民主党の支持が伯仲する10前後の激戦州（Swing States）での勝利を目指す。特に、選挙人数が多いフロリダ、ペンシルベニア、オハイオなどの勝敗が当選のカギとなる。

第11章　フェイクニュースの定義と歴史

1．フェイクニュースの定義

　第2章で述べたようにフェイクニュースに統一的な定義はない。政治的なプロパガンダ、捏造記事、陰謀論、悪意のない単純な誤報など、さまざまなジャンク情報がこの言葉で指し示される。一部が事実で一部が虚偽の情報や、事実であるが誤った文脈で拡散されるなど、虚偽か事実かで明確に区別できるわけるでもない。同じ言葉でも、論者によって用語の守備範囲が大きく異なる。

　Fake News を「2017年の言葉」に選んだ英国コリンズ辞書の定義は「虚偽の、しばしば扇情的な、ニュース報道を偽装して拡散される情報」である。しかし、トランプが自分たちに批判的なメディアやジャーナリストを「フェイクニュース」と攻撃するようになってから、この言葉は別の意味合いを色濃く持つようになった。政治家が、大衆のメディア不信をあおる道具として利用するようになったのである。

　この用法は、ロシアのプーチン、トルコのエルドアン、中国共産党など強権的政権の特徴だ。ナチスドイツがリューゲンプレッセ「Lügenpresse、嘘つきメディア」という言葉で、メディアを攻撃したのと同じ手口である。メディアに対する不信感は、フェイクニュースが拡散しやすい素地を醸成する。

　メディア研究者の間では、政治家に悪用されかねない「フェイクニュース」に代えて、偽情報（Disinformation）の語を使うのが一般的になっている。EU の高等専門家グループ（High Level Expert Group on Fake News and Online Disinformation＝HLEG）は、フェイクニュース対策報告書の中で「脅威は偽情報であり、"フェイクニュース"ではない（The threat is disinformation, not "fake news"）」と述べ、偽情報の語を採用している。

　UNESCO のジャーナリズムに関するハンドブック は、一般にフェイクニュースと総称される情報の問題を「情報の混乱(Information Disorder)」と捉え、情報に誤りがあるか否か、社会や他者に害を与える意図があるか否かを基準に、人々や社会を混乱させる危険のある情報を3つに分類した。

①誤情報（Misinformation）情報に誤りがあるが、害意がないもの
②偽情報(Disinformation)情報に誤りがあり、害意があるもの
③悪意のある情報（Malinformation）事実ではあるが、害意があるもの

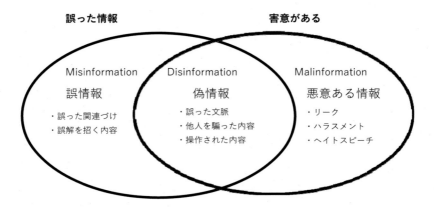

資料 1 UNESCO「Journalism,'Fake News' & Disinformation」をもとに作成

　この分類は米国の非営利団体「ファースト・ドラフト」のディレクターである
クレア・ワードルの提案によるものである。ワードルは「代わりの言葉をみつけ
るのに苦労しているのは、単にニュースの問題ではなく、情報生態系の全体に関
わるものだからである」と述べ、従来フェイクニュースの一語にまとめられてい
た多様な情報を、内容や発信意図に基づき、悪質な順に以下の7つに分類した。

　　・捏造された内容(fabricated content)
　　・操作された内容(manipulated content)
　　・他人を騙った内容(imposter content)
　　・誤った文脈(false context)
　　・誤解を招く内容(misleading content)
　　・誤った関連付け(false connection)
　　・風刺やパロディー(satire or parody)

　欧州でメディアリテラシー教育を推進する非営利団体 EAVI（European Association for Viewers Interests）は、いわゆるフェイクニュースを 10 種類に分類している。EAVI も、フェイクニュースという言葉自体が情報を単純化し誤解を生むと指摘している。

　情報を、その質や発信者の意図によって分類することは、市民のメディアリテラシーを高める上である程度は役立つが、情報の真偽を確かめる直接の手段にはならない。

　研究者たちは、フェイクニュースは単に虚偽か否かの問題ではなく、情報の生産者と消費者がデジタルテクノロジーで複雑につながりあったネットワーク、つまり「情報生態系」の汚染問題として解決策を考える必要があると説く。フェイクニュースを研究する耳塚佳代は、重要なのは「フェイクニュースという言葉の定義を統一することではなく、ソーシャルメディア時代のニュース生態系の問題としてとらえ、生態系を構成する要素や汚染経路を可視化すること」だという。情報生態系の問題は次章で検討する。

　我々がスマホや PC を利用する時間は伸びているが、ニュース取得のために割く時間はそう多くはないようだ。総務省の 2020 年度メディア利用調査によれば、平日のテレビ視聴時間（リアルタイム）は全世代で 200 分、インターネット利用は 192 分、新聞は 33 分だった。インターネット利用にはオンラインゲームや動画閲覧の時間が含まれており、テレビは娯楽中心のメディアである。テキスト系のニュースメディアとしてはポータルサイトが最も利用されているが、10 代ではニュースは読まないという層が 23％いる。

　ネット上には玉石混交の膨大な情報が溢れるが、社会的に重要なニュースに触れ、ニュースの信頼性を評価する時間は限られている。元ジャーナリストでメディア研究者の藤代裕之は、怪しげなニュースは検索して「調べる」のでなく、「距離を置くこと」が重要だと指摘する。

2．フェイクニュースの歴史

　「フェイクニュース」は太古から存在する。嘘を含めるならば、人間が言葉を使うようになったときからあったといえる。ローマ帝国の初代皇帝アウグストゥスは、政敵アントニウスの評判を落とし、軍の指揮権を剥奪するため、コインに

フェイクニュースを彫り込んだ。

17世紀前半の英国では、スチュアート朝のチャールズ1世の暴政に端を発する議会派と王党派の内乱が勃発し、双方が印刷物でプロパガンダを広めた。王党派は「マーキュリアス・アウリカス」を、議会派は「マーキュリアス・ブリタニカス」を発行し、戦場における相手の残虐行為を互いに誇張して報じるメディア戦争を展開し、自派の勢力伸張を図った 。

19世紀末から20世紀初頭にかけての米ニューヨークでは、ジョセフ・ピューリッツァー率いるニューヨーク・ワールド紙と、ウィリアム・ハーストのニューヨーク・ジャーナル紙が、有名人スキャンダルなど扇情的なニュースを取り上げ、激しい部数競争を展開した。社会的な重要性の高いニュースよりも、読者の歓心を買う扇情的な内容の報道を意味するイエロージャーナリズム[1]という言葉は、両紙の販売競争に由来する。

この時代のフェイクニュースとしては、ニューヨーク・ジャーナル紙が戦艦メイン号の爆発事故原因に関する捏造記事を掲載したのが有名だ。ジャーナル紙は、事故はスペインのせいだと敵意を煽り、1898年の米西戦争勃発の一因になった。米西戦争は「ハーストの戦争」とも呼ばれた。

1923年9月1日に起きた関東大震災では、朝鮮人が暴動を起こし、放火したり、井戸に毒を入れたりしているとのデマが飛び交った。各地で自警団が組織され、数千人の朝鮮人と朝鮮人と間違われた地方出身者が殺害された。警察は、こうしたデマを報じないように要請したが、複数の新聞が記事にした。

ドイツでは第二次世界大戦前、アドルフ・ヒトラーが反ユダヤのプロパガンダを広め、膨大な数のユダヤ人をガス室に送り込んだ。フェイクニュースは、インターネット時代に特有のものではなく、広く拡散すれば、いつの時代でも国を誤らせるリスクとなる。

戦後は、テレビという強力な映像メディアが普及し、メディア企業の寡占化が進んだ。テレビ・ラジオの運営企業は、視聴料を徴収せずに広告収入で運営されている。視聴率の高低は広告収入に直結する。民放は、視聴者の興味をひくセン

1　両社が人気漫画「イエローキッド」の争奪戦を繰り広げたことから、センセーショナルな報道自体がイエロージャーナリズムと呼ばれるようになった。

セーショナルな報道、過剰演出・やらせ問題で、ときに強い批判の的となった。

　1985 年、テレビ朝日の人気ワイドショー「アフタヌーンショー」で、番組ディレクターが撮影のために暴走族に女子中学生をリンチするよう依頼していたことが発覚した。ディレクターは逮捕され、番組は打ち切りになった。2007 年には、関西テレビの情報番組「発掘!あるある大事典」が取り上げた納豆ダイエットで、データ捏造が発覚した。番組は打ち切られ、関西テレビは日本民間放送連盟（民放連）から除名された（翌年復帰）。

　やらせの原因は、広告と視聴率競争だけない。やらせは、受信料で運営されるＮＨＫでも起きている。1992 年放映のＮＨＫスペシャル「奥ヒマラヤ　禁断の王国・ムスタン」は、外国人立ち入り制限が解除されたばかりのネパールのムスタン地区の自然と現地住民の暮らしぶりを紹介した。厳しい自然環境の映像が撮影できなかったため、スタッフが高山病にかかったふりをしたり、実際は雨が降っているのに数か月も雨が降っていないなどと報じた。局内で評価されたいという功名心からやらせに手を染めたが、訂正放送に追い込まれた。

３．自主規制

　マスメディアは、社会からの批判に何の対応もしなかったわけではない。大衆紙のセンセーショナルな報道で知られる英国でも、虚報や報道被害が表面化すると、たびたび自主規制組織が作られた。

　日本では、センセーショナルな報道姿勢や誤報・虚報に対する批判があがるたびに、報道倫理を高めようとする努力が続いた。1994 年の松本サリン事件では、新聞・テレビがともに警察の見立てに依拠して、被害者である河野義行さんを犯人視した報道を行い、ジャーナリズムの発表依存体質が問われた。

　社会の視線が厳しさを増す中、日本新聞協会は 2000 年 6 月 21 日に新倫理綱領を策定し、倫理意識をもって公正な記事と責任ある論評を行うと改めて表明した。

　放送界では、やらせ疑惑や捏造疑惑もあり、ＮＨＫと民放連が 2003 年に共同で放送倫理・番組向上機構（Broadcasting Ethics & Program Improvement Organization＝BPO）を設置した。BPO は放送局が自主的に設立した第三者機関であり、各放送局から独立し、番組に対する苦情などを審議している 。

　取材手法に関しては、1997 年の神戸連続児童殺傷事件、1998 年の和歌山市の

毒カレー事件で、マスメディアの集団的過熱取材（メディアスクラム）が大きな社会問題になった。時には100人を超す報道陣が一斉に容疑者、被害者の自宅などを取り囲み、周辺住民の平穏な生活を侵害した。日本新聞協会は2001年、過熱取材が発生した場合に取材人員の削減などを協議する場を設けるなどの対応策をまとめ、民放連との連携を進める。マスメディアは私企業であり、各社の対応に差があるため、メディアスクラムの問題は解消されたとは言えないが、一定の自主規制は進む。

　ジャーナリズムの行動原理は、社会の一般的な規範とときには衝突する。ただ、読者・視聴者のメディアに対する視線は厳しさを増している。あまりに市民の反感を買う取材手法や報道は、メディアの事業継続の重大な支障となり、「マスゴミ批判」に格好のネタを与えることになる。

　2011年、英国最大規模の日曜大衆紙ニュース・オブ・ザ・ワールド（News of the World＝NOW）が廃刊した。センセーショナルな報道に批判の絶えない英大衆紙だが、NOWの取材手法はとりわけ悪質だった。誘拐殺人の被害少女の携帯電話を操作したことなどが判明し、社会の強い非難を受け事業継続を断念した。

　この事件で、英国の自主規制組織プレス苦情委員会がNOWの非を認めず、同委員会の自主規制は全く機能していないとして解散された。代わりに第三者機関の独立プレス基準機構が設立された。

４．新旧メディアのフェイクニュース

　フェイクニュースやポスト真実は、SNS時代の情報空間を象徴する言葉になった。だが、メディア研究者の中には、こうした捉え方に疑問を呈する向きもある。同様の現象をずっと昔からあったのであり、ニューメディア有害論は伝統的メディアとそれに慣れ親しんだ年長世代の反発に過ぎないという。

　確かに、フェイクニュースは昔からあった。今後もなくなることはないだろう。しかし、フェイクニュースの量、拡散効率の両面で、インターネット時代とオールドメディア時代では格段の差がある。

　インターネットは、マスメディアの情報発信独占を崩し、一般ユーザー自らが情報発信者となる道を開いた。特にSNSは、アプリをインストールするだけで手軽に情報を発信できる。ネット空間の情報量は飛躍的に増大し、ニュースの切り

口も、マスメディアがゲートキーパーだった時代より多様化した。

　しかし、ゲートキーパー不在はチェック機能の喪失を意味した。社会に便益を
もたらす一方で、2016年の英米の混乱が明らかしたように、SNSに悪意あるフェ
イクニュースが大量に流れ込み、ジャンク情報が正しい情報を圧倒するケースが
増えた。ユーザーの思想傾向を把握して、ターゲット広告の手法で個々のユーザー
の先有傾向を補強し、社会の分断をあおることもできるようになった。

　2016年の米大統領選終盤、フェイスブックではフェイクニュースのエンゲージ
メント（「シェア」や「いいね」などの総数）が主要メディアのニュースよりはる
かに多かった。フェイクニュース上位20記事が871万件だったのに対し、主要
メディアの上位20記事のエンゲージメントは737万件にとどまった。

　SNSは、中露のハイブリッド戦やシャープパワー[2]の主戦場でもある。ハイブ
リッド戦争とは、政治的な目的を達成するために軍事的脅迫とそれ以外のさまざ
ま手段、外交、経済、プロパガンダを含む情報戦を組み合わせた手法をいう。

　第1章で紹介したピザゲート事件も、ロシア政府系のハッカーがクリントン陣
営の選対幹部ジョン・ポデスタのメールをハッキングし、ウィキリークスに暴露
させたのが発端だ。ポデスタが児童買春に関与していた事実はなかったが、極右
陰謀論者が断片的な情報を都合よくつなぎ合わせてストーリーを創作した。

　米上下両院は2017年秋の特別情報委員会で、メディアプラットフォーム企業
に対し、ロシアによる選挙介入に関するヒアリングを行った。

　フェイスブックはロシア政府系のＩＲＡ（Internet Research Agency）が2015
年から2017年にかけて約8万件の投稿を行い、1億人以上の米国民が閲覧した
可能性があると述べた。

　ツイッターは、ロシア政府系のボットから140万件のツイートが投稿され、2
億人以上が閲覧した可能性があると明らかにした。

　グーグルは、ＩＲＡと関係があるアカウントがYouTubeに18のチャンネルを
開設し、1000本を超す映像を投稿したと公表した。

　海外のプロパガンダ機関が発信する情報は、相手国の社会分断を企図するもの

　2　一国の文化や政治的な魅力などを背景に、他国から信頼、共感を得て、国際社会に影
響力を持つことをソフトパワーという。シャープパワーは、ソフトパワーの悪質版と言われ、
軍事力は使わないものの、世論操作などを手段として他国の政治に介入する。

か、自国を有利に導く宣伝である。ロシアは、欧米の選挙でSNSの政治広告を利用している。有効な対策をとらなければ、民主主義国の民意が、専制国家の都合がいいように操作・誘導される恐れがある。

第 12 章　情報生態系の汚染

1．フェイクニュース生態系

　オールドメディアの時代は、マスメディアの一方的な情報の流れが支配的だった。インターネットの普及に伴い、多様なメディアが存在感を増すと、新旧のメディアの間を情報が循環し、相互に参照し合う複雑な情報の流れが生じた。近年のメディア研究は、こうした情報拡散の仕組みを自然界の生態系になぞらえて「情報生態系」として捉える。

　米国の法学者ヨハイ・ベンクラーは、ネット時代の情報生態系の中で生じる情報汚染の新たな経路を「プロパガンダ・パイプライン」と呼ぶ。

　プロパガンダ・パイプラインを駆使するのが米国のオルタナライトだ。彼らは、ネット時代のニュース生態系を利用して、インターネット上に散在するフェイクニュースを大手メディアに届け、広く社会に拡散させることに成功した。

　「4ch」などの匿名掲示版では、ピザゲート事件に関するオルタナライトの投稿など根拠のない陰謀論が頻繁にやり取りされる。右翼のまとめサイトが、こうした投稿に目をつけて転載・リツイートすると、保守系マスメディアがその話題を取り上げる。リベラル系メディアが、保守系メディアのニュースを批判的に報じることで陰謀論は社会に広がる。

　ベンクラーは著書の中で、プロパガンダ・パイプラインの流通ルートを使う右翼メディアのマイク・セルノビッチの次の発言を紹介している。

　「もしヒラリーをけなすようなストーリーを見つけたら、それを新しい経路に載せたい。もし、それがドラッジレポートに載れば、ハニティーが取り上げる。ハニティーが取り上げれば、ブライアン・ステラーが CNN でそれを話す」。

　ドラッジレポートとは保守系の政治ニュースを集めたリンクサイトで、ハニティーは保守系ケーブルテレビ局 FOX の司会者ショーン・ハニティーのことだ。ハニティーはトランプと親密なことで知られ、影の政府の陰謀論を主張したこともある。ブライアン・ステラーは、2022 年夏まで CNN のリベラル系番組のキャスターを務めた人物だ。リベラル系メディアのフェイクニュース批判が、逆に拡散の一因になりうる難しい状況が生じている。

情報生態系の汚染が進んだ背景には、米国メディアの党派性と、保守層のメディア不信がある。米国の新聞は 19 世紀中葉、新聞の大衆化とともに「暗黒の政党新聞時代」を脱した。第二次大戦後はイエロージャーナリズムへの反省から、客観報道を志向するようになったが、日本の新聞に比べれば、主張ははっきりしている。選挙に際しての政党や候補者支持も明確に打ち出す。

　主要プリントメディアの論調は、民主党のスタンスに近い。全米 100 の有力紙のうち、2020 年の大統領選でバイデンを支持したのは 47 紙、トランプ支持は 7 紙だけだった。発行部数でみると、958 万部対 86 万部と大きく違う。放送メディアも同様の傾向だ。公正原則が撤廃されても、共和党寄りの放送は FOX ニュース、シンクレアグループなどごく少ない。保守層は主流メディアに反感を持ち、ときに敵視する。敵対的メディア認知と呼ばれる現象である。人間の客観性に関する認知は、自分の見解に有利な方向に歪んでおり、メディアは自分たちと対立する見解に有利な偏向報道を行っていると認識しやすい。

２．日本の情報生態系汚染

　藤代裕之によれば、日本におけるフェイクニュースの拡散には「ミドルメディア」が大きく関わっている。ミドルメディアとは、SNS の情報を集約してマスメディアに紹介するニュースサイトやまとめサイトを指す。キュレーションサイト（Curation site）とも呼ばれる。

　ミドルメディアは、SNS の情報をマスメディアに流通させる一方で、マスメディアのニュースを SNS に届ける。ミドルメディアは、ネット上に散らばる情報を見出し、テーマ、内容ごとに集めてコメントを付加し編集している。

　ミドルメディアは、極端な政治的志向を持つ人々が集う匿名掲示板の投稿にも注目し、ネットで話題の注目トピックとして記事にする。ミドルメディアが取り上げることで注目度があがり、転載・リツイートが増える。さらに、ポータルサイトがその話題を取り上げると、社会の注目争点に浮上する。情報の流通・拡散の途中で、さまざまな解釈や憶測が追加され、陰謀論も形作られる。藤代はこの情報経路を「フェイクニュース・パイプライン」と呼ぶ。米国のプロパガンダ・パイプラインと同じ構図だ。

　匿名掲示板はジャンク情報の宝庫である。インターネットの一角で、極端な人々

が憶測を語り合っているだけでは社会への影響は限られている。ミドルメディアが、掲示板や SNS の情報をマスメディアに届けることで、極右サイトの陰謀論も広い範囲に拡散する。

　日本では、ポータルサイトがオンラインニュース流通の大きなウエイトを占める。中でも、「Yahoo!ニュース」は 54％と圧倒的なシェアを誇る。藤代は、ミドルメディアの発達は 2006 年のライブドア事件がきっかけだという。

　ライブドア社長の堀江貴文は当時、ニッポン放送株取得を通じてフジサンケイグループに対するM＆A攻勢を仕掛けたが、粉飾決算による錬金術が暴かれ、証券取引法違反で実刑判決を受けた。

　マスメディアはこの事件を契機に、一部ポータルサイトへの記事出稿を取りやめた。コンテンツ不足に悩んだポータルサイトは、SNS の話題を取り上げるミドルメディアの記事も取り扱うようになった。ポータルサイトに取り上げてもらうことで、ミドルメディアはページビューと広告収入を増やした。ミドルメディアは、マスメディアの情報と SNS の情報を媒介しつつ、さまざまな憶測やコメントを取り込み、情報循環の中でフェイクニュースの生成を促している。

　匿名掲示板は以前から、「マスゴミ批判」が格好の話題だった。近年の研究によれば、ネット接触はメディア信頼度と負の相関関係にある。ミドルメディアは、メディア批判の記事を頻繁に掲載して、ページビューを増やしつつメディア不信をあおった。

　マスメディアを信用しないネットユーザーが自らの関心に沿って、検索を繰り返せせば、過去の閲覧履歴から、「マスメディアが報じない真実」をうたう陰謀論サイトに辿りつく可能性が高い。自分たちだけが隠された真実を知っているという優越感が信念を強化し、エコーチェンバーの仲間うちの結束が固まると考えられる[1]。

　検索という行動は一見、主体的だ。しかし、実態はどうか。AI のアルゴリズムは、その人の過去のネット上の行動をもとにパーソナライズされた情報を提示す

---

[1]　俳優の高知東生は 2021 年 2 月の大阪読売で、陰謀論にとらわれかけた体験を「自信のなさから起きたんだろうな。強く断言してくれる人にひかれたり、そんな情報にたどり着ける自分は大丈夫だ！と間違った優越感にしがみつきたかったんだと思う」と語っている。

る。検索した本人は、自分で探し当てた真実だと誤信しがちだが、アルゴリズムに誘導されているとも言えなくはない。

３．マスメディアの加担

　藤代らの研究によれば、新型コロナのパンデミックに関するデマの拡散にはマスメディアも大きく関わっていた。一例が「＃東京脱出」だ。

　2020 年 4 月 7 日、新型コロナのパンデミックに際し最初の緊急事態宣言が出された。朝日新聞は同日朝刊の記事で「＃東京脱出」というハッシュタグがツイッターで拡散し、ウイルスが地方に拡散する恐れがあると警鐘を鳴らした。

　しかし、この記事は「非実在型炎上」事例とされる。記事の公開前には「＃」がついたツイートは数十件しかなかったが、記事公開後の 24 時間で 1 万 5 千件まで増加した。記事が炎上を招いた可能性が高い。

　時事通信は、朝日に先立つ 3 月 28 日に「夜行バスに若者次々『東京出られなくなる』─週末控え、予定早めの帰省・新型コロナ」という記事を公開した。一部のミドルメディアが、この記事を取り上げると、ミドルメディアのツイッターアカウントに「＃東京脱出」が登場した。だが、その数は 28 日と 29 日の合計で 105 件にとどまった。

　朝日の記事が公開されると、yahoo！ニュースにも掲載され、「＃」の付いたツイートが急増した。日本テレビなど他のメディアも後追い取材を開始した。日テレは、バスターミナルバスタ新宿で帰省する大学生を紹介したが、帰省客が乗り場に殺到する状況ではないと報じた。しかし、ニュースの軌道修正は進まず、東京脱出者でバスタ新宿が混雑しているとする報道が続いた。

　マサチューセッツ工科大学の研究チームによれば、SNS では誤った情報が正しい情報よりも素早く拡散する。2006～2017 年にツイッターで広がった約 12 万 6000 の噂（約 450 万件のツイート）を調べたところ、誤情報は正しい情報に比べて、リツイートされる可能性が 70％高く、10 回リツイートされるのが 20 倍早かった。ニュース価値を左右する大きな要素は「驚き」である。誤情報は往々にして、事実より新奇性が強く、興味を引きやすい。また、あるニュースが虚偽だと判明しても、訂正情報はフェイクニュースに比べ、十分に拡散されず、伝播速度も遅いことも明らかになっている。

　藤代は、「＃東京脱出」の記事は二つの意味で罪深いと指摘する。まず SNS でほとんど拡散していない話題を拡散していると記事化したこと、さらに記事に「＃東京脱出」の見出しをつけ、ハッシュタグを拡散させた。これによって、現実には起きていない現象が、ポータルサイトを通じて拡散されていった。

　マスメディアは、犯罪報道のように人権侵害の可能性がある情報について、見出しも含めて慎重な表現を心がけるようになってきた。しかし、街の話題、ネットのアクセスランキングのような「話題モノ」については、読者・視聴者の関心をひく表現を優先する傾向が強い。

　マスメディアは、実際には流布していない「＃東京脱出」が SNS で拡散していると大げさに取り上げた。情報流通の主役が、マスメディアからインターネットに移ると、マスメディアもネットの話題を無視できなくなった。マスメディアは事件や事故のようなストレートニュースの取材でも、現場にいる人の投稿や写真提供に頼るようになった。どんな急いで現場に向かっても、すでに現場にいる人が体験した生々しい証言や、事件が起きた瞬間を捉えた現場写真には敵わない。

　現在進行形のニュースだけでなく、ネット情報を手掛かりに取材を開始することも増えた。ジャンク情報も多いインターネットに依存するのはリスクを伴うが、マスメディアにとっても、ネット上の膨大な情報は魅力的だ。

　マスメディアが、SNS の話題を取り上げる際の問題の一つが「こたつ記事」の横行である。こたつ記事とは、現場に取材に行かずにこたつでも書ける記事のことだ。ページビューを稼ぐことが優先されるインターネットメディアで、低コストで手軽な記事制作手法として広がった。

　米国の「こたつ記事」記者は、「アームチェア記者」と呼ばれる。インターネットの普及で、大量の情報が簡単に入手できるようになったため、肘掛け椅子に座ったまま、ネットサーフィンをしながら記事を書く記者が生まれた。とりわけ有名なのが、第 9 章で紹介したニューヨーク・タイムズのジェイソン・ブレアだ。取材には行かず、地方紙の記事をネットで探し、カフェに座ったまま多数の記事を書いた。

4．リテラシー教育の副作用

　フェイクニュース対策として、リテラシー教育の充実が期待されるが、その効

果は限定的だ。スタンフォード大学が 2016 年、米国の 8000 人近い中・高・大学生を対象に実施した調査で、ニュースに見せかけた広告を本物のニュースだとする回答が 8 割以上あった。情報源を明示していない写真の信憑性を疑うことが出来たのは 2 割未満だった。

同大学の別の研究チームが、同大学学部生 25 人、歴史の博士号保持者 10 人、ファクトチェッカー10 人がネット情報の信頼性をどう評価するか調べたところ、正確な評価できたのは、ファクトチェッカーこそ 100％だったが、博士号保持者が 50％、学部生は 20％だった。米国最高レベルの教育を受けている者でも、ネットリテラシーが高いとは言えない。

フェイクニュースという言葉は、メディアのニュース一般への信頼を低下させる可能性がある。米テキサス大学オースティン校のエミリー・ダインらの研究によると、フェイクニュースという言葉を含んだエリートの談話に触れたツイッターユーザーは、メディアへの信頼度が低下し、正しいニュースを正確に選別する能力が低下したという。

従来のメディアリテラシー教育は、情報発信者の意図を批判的に検討する点に重点をおく。「批判的」を「否定的」というネガティブな意味で捉えられてしまうと、情報の受け手は先有傾向に沿った情報のみを選択し、単純な「マスゴミ批判」に終わる可能性がある。

人間には生来、見たいものだけを見て、信じたいものだけを信じる確証バイアス（Confirmation bias）がある。メディアに不信感を抱く人は、マスゴミ論や陰謀論に触れると、ネット空間の特徴であるフィルターバブルとエコーチェンバーによって、バイアスが膨らみ、異論に耳を貸さなくなる。

メディア研究者の林香里は、現在のメディア不信は、個々のニュースの「真偽とは別の位相」の問題であり、世論が分極化し、社会の分断が進んだために起きた社会現象として捉えるべきだという。

メディアを信頼するとは、ときには間違いがあるにせよ、メディアの情報はだいたい信頼できると考えることで、世の中の複雑さを縮減することだ。同様に、メディア不信も主流メディアを拒否し、お気に入りのネット情報を信頼することで、生活を単純化している。

メディアリテラシーはかつて、マスメディアが民主主義社会で果たす重要性を

認めた上で、その問題点を指摘、改善を促すための建設的な行為のことだったが、現在は、マスメディアを拒絶し攻撃する口実として利用されるケースが目立つ。

　分断社会では、マスメディアが正しいニュースを伝えても、第三者がファクトチェックをして正しいニュースにお墨付きを与えても、分断の向こう側には届かない。

【敵対的メディア認知】

　メディアリテラシー教育は、メディアの情報を鵜呑みにせず批判的に検討することが重要な柱とされる。マスコミの報道はしばしば事実と主張が混じっており、誤報もある。

　しかし、安易なマスメディア批判は、「マスゴミが隠す真実を暴く」陰謀論サイトにハマる危険性を高める。メディア情報を鵜呑みにしないと過度に強調することは「敵対的メディア認知（Hostile Media Perception）」の促進につながりかねない。

　敵対的メディア認知は、すでに一定の党派性を持つ人が、メディア報道が自分たちの集団に対し、敵対的な方向に偏向していると認知する傾向を指す。同一の報道に接しても、個人によって、報道への評価は変わる。

　レバノンで 1982 年、キリスト教右派民兵がパレスチナ人キャンプを襲って、難民を虐殺する事件が起きた。米スタンフォード大学が同年、この事件報道を素材に、個人の党派性とメディア認知との関係を探った。それによると、同一のニュース映像を見たにも関わらず、親アラブの学生はイスラエル寄りの報道と感じ、親イスラエルの学生はアラブ寄りだと評価した。

　メディアが中立的な報道をしたとしても、右派の人は左翼的だと認識するし、左派の人は反動的で右傾化していると認識する可能性が高い。自分の立ち位置を知り、自らの見解に誤りはないか、と自分自身を批判的に検証するのはなかなか難しい。

第13章　英国メディア

　英国の新聞は階級社会を反映し、新聞によって読者層がはっきりと分かれている。中・上流層を主な読者とする高級紙と、労働者層をターゲットとする大衆紙とに大別される。かつては、高級紙と大衆紙で紙面サイズも違っていた。高級紙は大版のためブロードペーパーとも呼ばれた。大衆紙はタブロイドサイズが主流だったので、タブロイドともいう。現在は、高級紙も持ち運びやすいタブロイドサイズが主流となった。大衆紙と区別するため、コンパクトと呼ばれる。

　英大衆紙は、王室のゴシップ、犯罪報道、スポーツ、著名人のスキャンダルを重視する娯楽紙であるが、政治・経済などの硬派ネタも取り上げる。論調は保守的、愛国主義的で、反EUの傾向が強い。2016年のEU離脱国民投票では、多くが離脱キャンペーンに加わった。

　大衆紙に限らず、英国の新聞は論調がはっきりしている。個々人が自分の志向にあったマイメディアを持つため、新聞メディア一般に対する信頼は低い。ユーロバロメーターの調査（Trust in Media 2016）によれば、英国民はBBCなどの放送メディアを高く評価する一方、活字メディアへの信頼度はSNSと同レベルだった。

1．英国プレス

　英国の印刷メディアの歴史は、ドイツで活版印刷術を学んだウイリアム・キャクストンがロンドンのウエストミンスター教会内に印刷所を開いた1476年に始まる。

　ウエストミンスター教会では、エリザベス2世の戴冠式（1953年）と国葬（2022年）が行われ、ウィリアム王子とキャサリン妃の結婚式（2011年）も行われた。主要な王室行事の舞台となるイギリス国教会の伝統ある教会である。ウエストミンスター教会近くのウエストミンスター宮殿は長く国王の住まいであり、現在も国会議事堂として使用されている。英国政治の中心地と言っていい。

　16世紀、欧州大陸では活版印刷が宗教改革を後押しし、カトリック教会と既成の政治勢力の大きな脅威となった。英国チューダー朝の歴代君主も同じころ、王

権に批判的な印刷媒体の流布を強く警戒し、印刷物の許可制と反体制的な印刷物の発行を禁じる検閲制を導入した。印刷物の審査・監視を行ったのが、ウエストミンスター宮殿に置かれた司法機関「星室庁」である。

　チューダー朝のエリザベス 1 世が継嗣を残さず亡くなると、スコットランド王ジェームス 6 世がスチュアート朝のジェームス 1 世として即位した。ジェームス 1 世は出版物の認可制のもとで、週刊「ウィークリーニュース」に独占発行権を付与したが、掲載できるのは大陸の翻訳記事だけであり、国内ニュースの報道は許さなかった。

　息子のチャールズ 1 世は 1627 年、ウィークリーニュースも廃刊し、議会の同意なく課税を強化した。チャールズが王に批判的な議会を解散すると、議会側は議会解散を禁止する法律を可決し、「報道の自由」を宣言した。王党派と議会派のイングランド内戦が始まると、議会派は宣伝のための定期刊行物を相次いで発行した。王党派と議会派は各地で戦闘を繰り広げるとともに、相手方の残虐行為を互いに誇張して伝えるメディア戦を展開した。

　戦闘は議会派の勝利に終わりチャールズ 1 世が処刑されると、議会派リーダーのクロムウェルの独裁政治が敷かれた。護国卿についたクロムウェルは王政時代に出版物を規制する星室庁の廃止を主導したが、政権獲得後は一転して、政府公認のニュース媒体の以外の発行を禁じた。

　クロムウェル統治時代も、英国はアイルランドに侵攻するなど戦争が続いた。護国卿独裁には反発も強く、1658 年にクロムウェルが死去すると、2 年後にチャールズ 1 世の子のチャールズ 2 世が即位し、王政が復活した。クロムウェルは「王殺し」として墓を暴かれ、遺体は切断され、その首は長くウエストミンスターに晒された。

　新聞への規制は王政復帰後も続いたが、1695 年の印刷・出版物免許法失効により、新聞の発行部数が急増した。1702 年には英国最初の日刊紙「デイリー・コラント」が創刊された。創刊号は 1 ページの片面印刷だった。1724 年には日刊 3 紙、週 3 回 10 紙、週刊 25 紙の新聞が発行された。

2．自由な言論空間
　17 世紀後半から 18 世紀にかけて、英国でコーヒーハウスが社交と公共的言論

の場として人気を博した。英国最初のコーヒーハウスは1650年、オックスフォードに登場し、1683年にはロンドンだけで2000軒あると言われるほど大流行した。入店できるのは男性に限られたが、身分による制限はなかった。

　ハウスには、新聞やニュースレター、書籍が置かれ、字の読めない人に読み聞かせてくれる作家や詩人などの知識人も集まった。客たちはコーヒーを飲み、煙草を吸いながら、政治などあらゆることを議論し、民主主義的な世論形成の場として機能した。

　反政府活動の拠点となることを怖れたチャールズ2世は1675年にコーヒーハウスの閉鎖命令を出したが、国民の強い反発にあい撤回を余儀なくされている。

　この時代の著名作家であったダニエル・デフォー（1660〜1731年）は、現場取材を重視する現代流ジャーナリストの先駆者でもあった。デフォーの作品では、聖書に継ぐベストセラーと言われる冒険小説「ロビンソン・クルーソー」や、17世紀ロンドンで大流行したペストの惨禍を描いた「ペスト」が有名だ。「ペスト」が描く当時のロンドンは、妖術師や巫女など怪しげなことを語る者が数多く現れ、経済活動が停止して仕事を失い、疫病より飢餓で亡くなる者が多かった。2020年の新型コロナ流行の初期、こうした当時の状況と現代の類似性が注目され、売り上げが急増した。

　デフォーはジャーナリズムの基本として次の二つを挙げる。

　一つは、足で稼ぐ取材を行うこと。現場に行き、当事者の話を聞くことが真実に迫る第一歩になる。17〜18世紀は公開処刑が広く行われており、デフォーは刑場まで足を運び、処刑される人物の最後の言葉を記録したり、泥棒を取材するため、刑務所を訪れてインタビューしたりしたという。

　もう一つは、わかりやすい文章を書くことだ。彼は、完璧な文章とは「あらゆる階級のさまざまな能力を持つ500人の全員に内容を理解してもらえるものだ」という。当事者に直接話を聞くことも、わかりやすい文章を書くことも、いつの時代にも変わらぬジャーナリズムの基本といえる。

　議会報道は王政復帰後も長く禁止されたが、1771年に自由化された。新聞は、政党の活動と密接に結びつきながら成長した。

　18世紀後半から19世紀初頭、英国は世界初の産業革命を迎える。工場、交通機関などあらゆる場面で蒸気機関が使用され、生産性が飛躍的に向上した。新聞

業界も産業革命の波に乗った。蒸気機関を用いた輪転機が実用化され、高速の両面印刷が可能になり、短時間で多くのページを印刷できるようになった。印刷時間の短縮で、遅い時間帯に発生したニュースが入るようになり、広告スペースの拡充で広告収入も増えた。販売と広告の両面の増収で経営は安定し、政府や政党に対する自由度は増した。

　産業革命以前、多くの新聞が政府助成金に依存し、政治家は助成金を自己に批判的な報道を抑止する手段として使った。新聞が産業として独り立ちし、読者を増やすと、政党色の強さはマイナスに作用した。同じ党派の読者層には歓迎されるが、異なる意見を持つ読者をつかむことはできないからだ。

　主流の新聞は政党色を薄め、事実に即して出来るだけ客観的に事実を記述するスタイルに近づいていった。政党から独立し、報道・言論活動に専従するジャーナリストという職業も確立した。

3．Times と BBC

　現在まで続く英国最古の新聞は「ザ・タイムズ」である。1785 年に「デーリー・ユニヴァーサル・レジスター」として創刊され、1788 年に「ザ・タイムズ」に改名した。タイムズは早くから海外ニュースに力を入れ、英仏海軍の 1805 年のトラファルガー海戦の結果を他社に先駆けて速報した。

　蒸気高速輪転機もいち早く導入して広告収入を増やし、政府や新聞所有者の意見に左右されない質の高い紙面で成功を収めた。1850 年代にはロンドンの全日刊紙部数の 4 分の 3 を占め、新聞といえば「タイムズ」と言われるまでになった。英国のみならず欧州大陸でもその名を知られた。英国では知識人必読の新聞とされ、その強い社会的影響力から「第 4 の権力」とも呼ばれた。

　1853 年クリミア戦争が勃発すると、タイムズは戦争特派員を派遣し、戦地の惨状を包み隠さずに報道させた。タイムズの報道で、物資補給が滞り不衛生な病院で戦闘よりも疾病で死ぬ兵士の方が多いことを知って、現地に向かったのが「クリミアの天使」ことフローレンス・ナイチンゲールである。

　富裕な家庭に生まれ育ち、両親の反対を押し切って看護師となったナイチンゲールは、38 人の看護師を連れて戦地に入り、病院の衛生状態改善に力を尽くした。現地の軍医は、ナイチンゲールの従軍をこころよく思わなかったが、ビクト

リア女王は、ナイチンゲールからの報告を直接自分に届けるよう命じ、活動を支援した。彼女たちのお陰で、負傷兵の死亡率は42％から2％に劇的に低下したという。

ビクトリア女王は、大英帝国が絶頂期にあった「パックス・ブリタニカ[1]」の時代を象徴する女王として知られる。ビクトリアは1837年に叔父のウィリアム4世が亡くなると、18歳の若さで女王の座についた。ビクトリアの在位期間は63年7か月と、英国君主としてはエリザベス2世に次いで長い。彼女の治世は「ビクトリア朝」と呼ばれる。

ビクトリア朝の大英帝国は「世界の工場」として繁栄し、政治・経済の両面で自由が拡大した。貧富の格差の拡大に伴い、労働組合も誕生した。最盛期の帝国領は地球の土地のほぼ4分の1に及び、そこに世界人口の4分の1が暮らしていた。

新聞や雑誌は、女王とその家族の写真やイラストを交えて詳しく伝え、王室を庶民に身近な存在と感じさせた。在英ジャーナリストの小林恭子は、ビクトリア女王を「マスメディア時代の最初のアイドル」と評する。

1896年、「忙しい人のための日刊紙」を売りにした大衆紙デイリー・メールが創刊した。見出しをパッと見ただけで、内容がわかるように、派手な見出しと短く簡潔な記事が特徴だった。デイリー・メールは、英仏海峡を泳ぎ切った人に賞金を出すなど、さまざまなイベントを企画して購読者を増やし、1902年に100万部を超えた。1920年代には世界最大の新聞グループに成長した。デイリー・メールの成功を受けて、デイリー・エクスプレス、デイリー・ミラーなど大衆紙が次々と誕生した。

公共放送BBCは1922年、民間のイギリス放送会社（British Broadcasting Company）としてスタートし、5年後に国王の特許状にもとづく公共放送「英国放送協会（British Broadcasting Corporation）」に改組した。

現在も女王から直接委任される点に変わりはない。特許状第6条1項は、BBCの使命を「偏りのない（impartial）ニュースと情報を提供する」と規定する。政

---

1 Paxはラテン語で「平和」を意味する。古代ローマ帝国の初代皇帝アウグストゥスから五賢帝までの約200年間はローマによる平和と言う意味で「Pax Romana」と呼ばれた。

府から独立し、意見が対立する争点は当事者の言い分を公平に伝え、信頼できる
報道機関との評価を固めた。

　1936 年にはテレビ放送を開始した。当時、受信機は非常に高額で画質も悪く、
テレビが本格的に普及するのは、1953 年のエリザベス 2 世の戴冠式を待たなけれ
ばならなかった。日本でも、1959 年の現上皇の結婚式がテレビ普及の起爆剤に
なった。

　BBC は、1956 年のスエズ危機[2]や 1982 年のフォークランド紛争[3]でも中立的、
客観的な報道を貫いた。政府や大衆紙は「裏切り者」などと批判したが、「英軍の
士気を高めたり、英国民を国旗の周りに呼び集めるのは BBC の任務ではない」
とはねつけた。

　ただ、2016 年のＥＵ離脱問題では、残留派の著名な経済学者の主張も、離脱派
の根拠の薄い離脱メリットの主張も、機械的に「公平」に報じたと批判を受けた。

　BBC は「主観的な言葉」の排除も進める。テロリスト（terrorist）に代えて武
装勢力（militant）、過激派（extremist）に代えて反乱者（insurgent）を使うな
ど、価値中立的な表現の報道を行うようになっている[4]。

４．再審キャンペーンと死刑廃止

　英国は 1969 年に死刑制度を廃止した。その陰には、無実の罪で絞首刑になっ
たティモシー・エバンスの冤罪事件と、その悲劇を世に問い続けたハロルド・エ
バンスのキャンペーン報道がある。二人のエバンスの間に血縁関係はない。

　1949 年、ロンドンのノッティング・ヒルのアパートに住むティモシー・エバン
スが妻子の殺害容疑で捜査線に浮上した。軽い知的障害があったエバンスは、警
察の誘導尋問と、隣人で真犯人であるジョン・クリスティーの証言により、翌年
「娘殺害」の罪で絞首刑に処された。

　2　エジプトのナセル大統領が英仏が所有するスエズ運河の国有化を宣言したため、英仏
イスラエルが軍事介入した。世論は割れたが、国連の停戦決議もあり、1957 年撤退した。
　3　アルゼンチンが自国近くの英領フォークランド諸島に侵攻、英国は直ちに派兵し島を
奪還した。
　4　BBC の方針は「One man's terrorist is another man's freedom fighter」という考え
を反映している。

しかし、1953年にクリスティーがアパートを転居した後、新しい借り手が壁紙をはがすと3人の女性の遺体が見つかった。床下からはクリスティー自身の妻の遺体、裏庭からはさらに女性2人の遺体が発見された。逮捕されたクリスティーは、エバンスの妻の殺害も認めた。クリスティーは、罪を着せたエバンスの死の3年後、絞首刑となった。

ノーザン・エコー紙の編集長ハロルド・エバンスは、この事実を知り、ティモシー・エバンス委員会を立ち上げ、再審[5]キャンペーン報道を開始した。

エバンスは、再審キャンペーン関連の記事に「私たちの良心にいる男性」のロゴを付け、全国の新聞社や放送局にも支援を要請した。議員や法曹界にも賛同者が次第に広がり、公開審理が行われた。1966年、女王はティモシーの恩赦を発表した。

英国は1965年に死刑執行を5年間停止する時限立法を成立させ、4年後に死刑制度を廃止した。エバンスたちの報道は法律を変えた。現在、英国の最高刑は終身刑（whole life order）である。

5．メディア王

英国を含め現代英語圏メディアに大きな影響を持つ人物に、豪州系アメリカ人のルパート・マードックがいる。マードックは1931年、オーストラリアのメルボルンで生まれ、豪州、英国、米国などのメディアを次々と買収し、メディア王と呼ばれた。アメリカでは外国人に放送が許可されないため、右派メディアのFOXを立ち上げる際、米国籍を取得した。

マードックは、オーストラリアで一大メディアグループを立ち上げた後、1969年に英国の日曜大衆紙NOW、大衆紙サン（The Sun）を買収した。

マードックは、Sex・Sports・Scandalの三つのSを売り物に、廃刊寸前だったサンを最盛期300万部まで増やした。マードックは1981年には高級紙タイムズも買収した。各紙はマードック傘下に入ると、保守的な論調を強めた。

NOWは最盛期、発行部数800万部を超える英語圏で最多の発行部数を誇った

---

[5] 再審は、確定判決で終結した事件に重大な誤りあった場合、裁判を取り消して再び審理を行うことである。無罪を証明する新証拠が見つかるか、有罪の決め手とされた証拠に重大な欠陥があると判明すれば、再審開始を請求できる。

新聞であったが、今は存在しない。前述の通り、著名人だけでなく犯罪被害者、アフガン戦争戦死者の遺族らに対する組織ぐるみの盗聴を行っていたことが発覚し、2011 年に廃刊に追い込まれた。

同紙の不正を追及したのが高級紙ガーディアンだ。ガーディアンは 2011 年、ＮＯＷの記者と探偵が 13 歳少女誘拐殺人事件の取材で、犠牲者の携帯電話を操作し、留守電メッセージを聞いたり、メッセージがたまると削除したりしていたことを暴いた。メッセージが削除されたことで、両親は「娘はまだ生きているかも」と期待を抱いた。

誘拐事件の被害少女の携帯電話にまで細工をする NOW のなりふり構わぬ取材手法に、社会の批判が集中し、広告は引き上げられ、2011 年 7 月に 168 年の歴史に幕を閉じた。

ロンドン警視庁は、幹部がマードックと親密な関係にあったため、盗聴事件の捜査に消極的だったとされる。事件の全貌は今もよくわかっていない。4000 人がＮＯＷの盗聴対象になっていたとも言われる。

6．王室とメディア

2022 年 9 月 8 日、英国女王エリザベス 2 世が 96 歳で死去した。在位 70 年。英国君主としては史上最長であり、英国以外の英連邦王国（Commonwealth Realm）14 カ国の君主でもあった。

1952 年、父の死に伴い 25 歳で即位。第二次大戦後の英国の影響力低下、東西冷戦、EU 離脱など幾多の困難の中で、政治的な中立性を保ちながら国民を鼓舞し続けた。在位中、数々の王室スキャンダルにも見舞われたが、国民の女王への敬愛は根強い。

2021 年の英調査会社の世論調査によると、英国民の 61％が君主制を支持し、反対するのは 25％だった。女王個人に好感を持つ人は 7 割を超える。国葬に際し、ウエストミンスター宮殿に安置された女王の弔問のために、多くの国民が 24 時間以上、長蛇の列に並んだ。

近年は、次男アンドルー王子の性的虐待疑惑、孫のヘンリー王子と妻メーガン妃の「王室引退」などがクローズアップされ、若年層の君主制支持が漸減傾向にある。とはいえ、英国民の王室に対する関心は依然高い。王室メンバーは大衆紙

のみならず、公共放送BBCにとっても格好のネタだ。

　現国王のチャールズ3世は1981年、当時20歳のダイアナ妃と結婚した。沿道には60万人が集まり、結婚式は世界各地にテレビ中継された。しかし、二人の関係はまもなく冷え込み、二人がともに不倫をしているのは公然の秘密となった。ダイアナ妃は、大衆紙やパパラッチ（有名人を追いかけるフリーカメラマン）に常に追われる身となった。

　BBCは1995年にダイアナ妃の単独インタビューを実現し、夫婦関係や不倫についての赤裸々な告白を聞き出した。当時無名のマーティン・バシャー記者が、なぜ皇太子妃に近づくことが出来たのかは長く疑問だったが、BBCは2021年になってバシャー記者がダイアナ妃と弟のスペンサー伯爵をだまして妃の不安を煽り、インタビューを実現させていたと発表した。

　ダイアナ妃はBBCインタビューの翌年に離婚し、1997年パリで深夜のデート中にパパラッチとカーチェイスの末、中央分離帯の壁に激突し死亡した。最後の言葉は「Leave Me Alone」だった。

　ダイアナ妃は名門スペンサー伯爵家出身だが、両親の離婚など家庭の事情で、中卒程度で教育を終えてしまった。庶民からは、上流階級的な礼儀作法にかける「庶民派の王族」に見えたとされる。ダイアナ追悼に集まったのは失業者や低所得層の人たちが多かった。彼らには、ダイアナ妃も王室から「置き去りにされた」悲運の女性に見えた。ダイアナの死後、王室への支持は一時急落した。

　大衆の関心は、残された二人の王子ウィリアム15歳、ヘンリー12歳（いずれも当時）に注がれた。王室はメディアに二人の王子への過剰取材自粛を要請し、メディアもまだ幼さの残る王子の成長に配慮し、自主規制として取材中のハラスメント行為禁止を表明した。大衆紙サンは、パパラッチからの写真購入を止めた。ダイアナ妃の死は、英国メディアのセンセーショナルな報道に変化をもたらした。

【欧州連合】

　欧州は先進地的で安全なイメージがあるが、中世以来長く戦争の絶えない地域だった。1914〜1918 年の第一次世界大戦では爆撃機、戦車、潜水艦、毒ガスなど大量破壊兵器が登場し、戦死者は 1000 万人を超えた。第一次大戦後、オーストリアのクーデンホーフ＝カレルギー伯爵（日本名・青山栄次郎）は欧州を一体的に捉える汎ヨーロッパ主義を広めた。小国同士が争うより、米国のような「欧州合衆国」をつくることを目指したが、第二次大戦が勃発し構想は頓挫した。

　1939〜1945 年の第二次世界大戦では、太平洋戦線と並び、欧州が激しい戦闘の場となった。2200 万〜2500 万人の軍人、3800 万〜5500 万人の民間人が犠牲になったとされる。

　この苦い経験をもと、欧州を二度と戦場にしないため、国家主権をある程度制約しても、欧州共同体を作って安全保障を進めようとする考えが生まれた。

　最初に発足したのが、欧州石炭鉄鋼共同体（European Coal and Steel Community=ECSC)である。1952 年のことだ。原加盟国はベネルクス 3 国（ベルギー、オランダ、ルクセンブルグ）とドイツ、イタリア、フランスの 6 国だった。狙いは、第一次大戦後のベルサイユ条約の失敗を教訓に、ドイツを排除せず国際コミュニティーに取り込み、戦争をさせないことだった。そのため、まずは軍事行動に必要不可欠な鉄と石炭の共同管理を行った。

　欧州はその後、ECSC に加えて欧州経済共同体（ECC）、欧州共同体（EC）と経済的な統合を段階的に強化した。現在の欧州連合（EU）は、統一通貨ユーロ導入など経済面だけでなく、外交など政治的統合の色彩を強める。

　1989 年のベルリンの壁崩壊や 1991 年のソ連崩壊で、東西冷戦は終結した。ソ連の傘下にあった旧共産圏の東欧諸国は、豊かな西欧に憧れ続々と EU に加盟した。2022 年現在の加盟国は 27 か国。ロシアの圧力を受けるウクライナ、ジョージア、モルドバなども加盟を申請している。

第14章　中露のメディア

1.「民主の女神」の沈黙

　2020年8月10日、民主活動家の周庭（Agnes Chow）が国家安全法（国安法）の外国勢力と結託して国家分裂を煽った疑いで逮捕された。釈放された彼女は、集まった報道陣に、国安法が施行されたため国際社会と連携できないが、これからも香港のために戦っていきたいと流暢な日本語でこたえた。拘束中は、欅坂46の「不協和音」を聞いて自らを鼓舞したという。

　だが、無許可デモで若者を扇動した罪で有罪判決を受け、模範囚として釈放された後は、フェイスブックのページを閉鎖し、メディアの前に姿を出すことはなくなった。

　周は2014年の雨傘運動以来、香港の「民主の女神」と呼ばれ、民主派の対外的PR活動を担った。香港政府や中国共産党からは、危険な存在とみられ監視対象になっていた。

　国安法施行に伴い、反共産党の香港紙「リンゴ日報」創業者の黎智英氏（Jimmy Lai）も逮捕された。リンゴ日報は2020年8月に社屋が家宅捜索を受け、幹部が次々と逮捕された。資産は凍結され、翌年6月24日を最後に廃刊した。共産党系の新聞は、黎智英は「米国と結託した売国奴」で、周庭は「香港独立分子だ」と非難した。

　香港は1997年、英国から99年ぶりに中国に返還された。1999年にポルトガルから返還されたマカオとともに、中国領でありながら、中国本土と異なる民主的制度のもと、高度な自治が保障された「一国二制度」のモデルのはずだった。

　中国は少なくとも返還後50年間、それぞれ独自の基本法（実質的な憲法）を維持し、資本主義経済と言論の自由を認めると約束したが、2020年8月の国安法の施行で一国二制度は終焉を迎えた。

　香港政府のトップである行政長官や立法会（議会）の選挙制度は残っているが、いずれも事前審査で共産党に忠誠を誓う「愛国者」以外は立候補できない。民主派は排除され、親中派を信任するだけの投票となっている。

　香港では返還後、民主化を求める住民とこれを阻止しようとする本土政府が対

決する構図が長く続いた。特に 2014 年の民主化デモ「雨傘運動」は世界の注目を集めた。当時、香港市民が行政長官を直接選挙で選ぶ制度改正が検討されたが、指名委員会が候補者を事前選別し、民主派候補を事実上排除する仕組みとわかったため、民主派学生が 79 日間の反対デモを繰り広げた。民主派が求めた民主的選挙は結局、実現しなかった。デモ隊が警察の催涙弾に雨傘で対抗したことから、雨傘運動と呼ばれる。

2019 年には、中国本土への容疑者引き渡しを可能にする逃亡犯条例[1]に反対するデモが起こり、条例を撤回に追い込んだ。だが、根強い抵抗運動は、より強力な国安法導入という結果を招いた。香港の自治への圧力強化は、中国本土で進む習近平政権の独裁体制強化の動きを反映している。

2020 年 7 月 4 日の読売報道によれば、香港の 18〜29 歳の若者の 81％は、自分は香港人だと思っている。中国人だと思っているのは 4％に過ぎない。親中派は、高校の教養教育が反共産党的なためだとやり玉に挙げる。社会問題を掘り下げて学び、批判精神を養う「リベラル・スタディーズ（通識科）」が若者をデモに駆り立てたと批判した。

香港紙「明報」は、「通識」教科書の「三権分立の原則に従い、個人の自由と権利、財産の保障を重視する」との記述が教科書検定で削除され、代わりに「デモで違法行為をした場合、関連の刑事責任を負う」が追加されたと報じた。

香港デモと香港国安法制定の経緯

2014年	香港行政長官選挙の民主化デモ「雨傘運動」
2015年	中国本土で「国家安全法」施行
2019年	逃亡犯条例反対デモ
	逃亡犯条例撤回
2020年	香港で国家安全法施行
	周庭、黎智英ら逮捕

こうした香港の動向について、台湾の蔡英文総統は「非常に失望した。一国二

1　逃亡犯条例改正案は 2019 年 6 月に提案された。同条例は、香港で逮捕した他国逃亡犯を協定締結国に引き渡すもので、香港は 20 か国と協定を結んでいる。中国と協定を結ぶと、党批判で逮捕されて本土送還の恐れがあった。反対運動で改正案は撤回された。

制度が実現できないと証明した」と語り、香港人の台湾への留学・移住を支援する窓口を設置した。

　中国はこれに対し、2021年4月100機超す中国軍機を台湾の防空識別圏に侵入させるとともに、台湾の東海上で空母演習を行って侵攻能力を誇示して、威嚇した。

　中国の立法府である全人代（全国人民代表大会）は建前上、国家主席などを選出する国の最高機関だ。「全人代は日本の国会に相当する」と説明されることがあるが、日本の国会とは大きな違いがある。

　日本の国会議員は有権者の投票で選出されるが、全人代の代議員は国民ではなく、事実上、共産党の下部組織が選ぶ。民主主義的な正統性を持たない議会であり、基本的には党首脳の決定事項にハンコを押すだけの「Rubber Stamp Parliament」と言われる。

　国家安全法に違反すると、最悪終身刑になる。規制の内容は多岐に渡る。香港独立と記した旗の掲揚は「国家分裂」に、一党独裁終結の呼びかけは「政権転覆」に、外国の議員・外交官との面会は「外国勢力と結託」に問われるおそれがある。

　国安法は全人代で2020年6月30日に可決・成立し、香港基本法の付属文書に盛り込まれた。6章66条の法律は、中国本土政府の権限を大幅に強化した。中央の出先機関が香港に設置され、直接の法執行が可能となった。

２．党の喉と舌

　中国メディアは伝統的に共産党の「喉と舌」と呼ばれる。党の宣伝の手段という意味だ。2000年前後から約10年間の「市場メディア」隆盛期を除けば、常に党が民衆を支配するための広報ツールであった。メディアが民主主義を支える重要インフラだと考えられる欧米とは大きく違う。

　中国は独裁者・毛沢東の死後、社会主義市場経済という特異な改革路線を採り、経済を再建した。天安門事件で一時停滞したが、鄧小平の南巡講話後は、再び急速な経済成長を遂げ、2010年に名目GDPで日本を抜いて、世界第2の経済大国となった。経済発展に伴い、都市部に住む中間層の厚みも増した。彼らは高等教育を受け、日々の生活にも困らない。党の「宣伝」でなく「事実」を知りたいという欲求も強い。地方紙や経済紙が2000年前後から、こうした読者ニーズに応

えた。党から相対的に自立した商業メディアとして独自に調査報道を行い、発行部数を伸ばした。

　しかし、2012 年に習近平が党総書記に就任すると、政府の報道規制が強まり、メディアは再び冬の時代を迎えている。習は 2016 年 2 月、新華社（国営通信社）、人民日報（共産党機関紙）、中央電視台（国営テレビ局）の 3 大国営メディアを視察し、「メディアの姓は党である」と宣言した。中国共産党がメディアの生みの親であり、その親が言うことを子供であるメディアが聞くのは当然という意味であった。中央電視台は「絶対忠誠」を誓い、訪問を歓迎してみせた。

　2019 年 10 月には中国メディアの記者、編集者を対象に「習思想テスト」が義務付けられた。党機関紙の人民日報は「専門能力の向上が目的」と報じたが、内容は習思想への賛成を迫る問題ばかり。合格点 80 点で、不合格者は記者証を没収され、取材が一切出来なくなるとされる。

3．毛沢東独裁

　中国共産党トップの習近平は 2022 年秋の党大会で異例の 3 期目に入り、人口14 億人の超大国の独裁者への道を歩んでいる。

　中国共産党は 1921 年、ソ連共産党の指導を受けて結党した。結党メンバーの一人が毛沢東である。共産党は第二次大戦後の国共内戦を勝ち抜き、1949 年に中華人民共和を建国した。

　毛は 1945 年、党最高職である中央委員会主席に就任し、1976 年に死ぬまで独裁者として中国に君臨した。毛の時代、中国は政策の失敗と権力闘争で 5000 万人とも言われる犠牲者を出した。毛の死後は、その反省のもとに集団指導体制がとり入れられた。しかし、習近平は毛のような絶対権力者を目指し、集団指導体制を有名無実化した。国家主席の任期を撤廃し、長期政権への布石を着々と進める。

　毛沢東独裁時代の中国は、大躍進政策と文化大革命という 2 つの悲劇に見舞われた。大躍進政策は、ソ連型の社会主義国家建設のために、毛が取り入れた農業と工業の大増産政策だ。毛は 1958〜1961 年にかけて、集団農場が大成功したというソ連のプロパガンダを信じて人民公社を設立した。国民の財産を全て没収し、共有化する共産主義政策である。しかし、財産の私有を否定された農民は、収穫

物が自分のものにならないので真剣に耕作しない。人民公社の生産性は極めて低かった。

　毛は、スズメは米を食べる害鳥だとして、全土でスズメ狩りを命じたこともある。その結果、翌年は害虫が大量発生し、農作物に甚大な被害が生じ農村は崩壊した。慌ててソ連からスズメを輸入したという。

　また、イギリスの鉄鋼・製鉄業を追い越せと大号令し、農家に庭で製鉄作業をさせた。農家は、寺院などからレンガを奪って原始的な溶鉱炉を作り、周辺の木を燃料に製鉄を試みたが、技術も材料もないので生産目標の達成は不可能だった。地方政府の幹部は、鍋や農機具も溶かし、生産量をかさ上げして報告した。大躍進政策は中国全土で食糧危機を引き起こし、3000万以上が餓死したとされる。

　餓死者が続出し、都市部で食人行為まで伝えられるようになると、毛も大躍進政策の失敗を認め、1959年に国家主席の座を党ナンバー2の劉少奇に譲った。党トップである党主席と、軍トップの軍事委主席の座は保持した。劉は総書記の鄧小平とともに市場経済を部分的に採用して、中国経済の復興を進めた。

　経済回復の兆しが見え、劉に政治の実権が移り始めると、毛は復権のために文化大革命という権力闘争を引き起こし、劉少奇、鄧小平など実務派の政治家を一掃した。文革は、1966年から毛が死ぬ1976年まで続き、1000万人以上が犠牲になった。中国人の道徳観も徹底的に破壊したと言われる。

　毛は文革の実行部隊として学生を利用した。今の政治と知識人は腐敗しているので、次は文化の革命が必要だと学生を煽り、「司令部を砲撃せよ」と劉少奇打倒を暗示した。学生たちは「紅衛兵（共産党を守る衛兵）」と名乗り、毛沢東語録を手に、政府幹部の自宅を襲撃して軟禁したり、「宗教はアヘン」といって寺院を破壊したりした。毛は、警察に「紅衛兵がどんな行動をとっても取り締まらないよう」に指示した。

　紅衛兵は、実務派の政治家を右翼的で資本主義に走る走資派だと攻撃した。劉は紅衛兵に捕えて、身柄拘束中に死亡した。

　復権を果たした毛にとって、過激化し暴走する紅衛兵は邪魔な存在だった。学生はインテリで弱いから、農民に学べとして農村部に追いやった（下放）。学生は完全な使い捨てだった。

４．国家主席の任期撤廃

　中国は 1982 年の憲法改正で、国家主席の任期を「2 期 10 年」と明記した。党総書記の任期も同様とすることが不文律となった。任期制限は、死ぬまで最高指導者の地位に固執した毛沢東独裁の反省から設けられた。

　党トップの地位も同時に「党主席」から「党総書記」に格下げされた。総書記は「書記のまとめ役」を意味する。集団指導体制に相応しい名称に変更されたのだ。改革を断行したのは、毛死後の中国の最高実力者・鄧小平である。

　鄧は、文革で疲弊した中国に資本主義を導入し、中国の高度経済成長の礎を築いた。鄧自身、毛独裁の被害者だった。毛によって 3 度失脚させられた上、文革時の迫害によって長男は下半身不随となった。最高実力者となった後の 1981 年の「歴史決議」で、毛の功績と文革の誤りを区別し、文革を党と国に「厳しい挫折と損失をもたらした」と総括した。

　習近平の父・習仲勲も文革時代、反党的だと批判され 16 年間拘束された。文革後は、八大元老の一人として、鄧小平と改革路線を進めた。少数民族にも融和的だったともいわれる。

　しかし、習近平は自らも 7 年間下放された経験があるにも関わらず、父の敵だった毛の権威を利用して政敵を排除し、毛同様の個人崇拝を求める。

　中国共産党にとって、文革は負の歴史だ。政府や党が公の場で語ることはあまりない。それでも以前の中学 2 年生の歴史教科書は「動乱と災難」の小見出しをつけ、毛が「認識を誤った」と触れていた。だが、2018 年の改訂版は「動乱と災難」の小見出しも「認識を誤った」との表現も削除された。毛を礼賛し、党の無謬性をアピールしたい習近平には都合の悪いためだと見られている。

　習は 2017 年の党大会で、「党政軍民学と東西南北中の一切を党が指導する」と文革期の毛の言葉を引用し、党が全ての領域を指導すると宣言した。党規約には、自らの指導思想「習近平の新時代の中国の特色ある社会主義思想」を盛り込んだ。党規約に名前を冠した政治理念を刻んだのは、毛沢東、鄧小平に続いて 3 人目である。

　習は 2018 年に憲法を改正し、国家主席の任期を撤廃した。2022 年秋の党大会で、派閥の違う李克強首相らを退任させ、68 歳定年の慣例を破り、少なくとも 3 期目が終わる 2028 年まで国家主席の座に留まる。

2021 年には毛沢東、鄧小平と並ぶ「歴史決議」も行った。習を「党中央・全党の核心」と位置付ける政権の自画自賛の文書である。すでに党総書記、軍事委主席、国家主席を兼務する最高指導者だが、党で超越的な地位とされる「党主席」復活を目指しているとの見方も一部にある。

　中国共産党には、太子党と呼ばれる特権階級化した革命の英雄の二世たちと、それに対抗する共産主義青年団（共青団）という二つのグループが存在する。共青団は、叩き上げの共産党の若手エリート組織である。前国家主席の胡錦濤や李克強は共青団出身だ。習独裁政権下では旗色が悪い。

　習は父が副首相を務めた太子党グループに属する。国家主席就任以来「中華民族の偉大な復興」という「中国の夢」を掲げている。中国が世界 GDP に占める割合は 2000 年に 4 ％だったが、2021 年に 18%となった。2031 年にも米国を抜き世界一の経済大国になると予想される。しかし、中国の人口は、予想より早く 2022 年に減少に転じた。16 年に一人っ子政策に終止符が打たれたが、少子高齢化は止まっていない。

　新華社は「2035 年までに東洋の大国（中国）は現代化を果たし、世界地図を徹底的に塗り替える」と伝える。労働力不足が本格化し、経済が停滞する前に、中国の勢力圏の拡大を果たす意図があるではないかとみられている。

5．ネット封じ

　中国本土では、ネット上の情報は徹底的に監視される。かつて使えたグーグル、ツイッター、フェイスブック、ユーチューブなど海外 IT 企業のサービスは、中国では通常の方法では使えない。フェイスブックやツイッターが使えた頃は、2008 年のチベット騒乱、2009 年のウイグル騒乱に関する投稿が中国国内から発信された。

　代わりになるのが、中国 IT 企業が作った検索サービス「百度」（バイドゥ）や、SNS の「微博」（ウェイボー）、「微信」（ウィーチャット）だ。これらの中国メディアプラットフォームは、「金盾工程」と呼ばれるシステムによって監視されている。

　金盾とは最強の盾の意味だ。政府批判の書き込みがあれば、AI と人の目で削除し、検索できないようにする。検閲ワードは敏感詞と呼ばれ、当局の判断でどんどん増えているとされる。

　習が国家主席に就任すると、体型が「くまのプーさん」に似ているとネット上で話題になった。プーさんは上着を着ているが、パンツをはいていない。「習近平は裸の王様」と揶揄する画像が次々とアップされ、くまのプーさんは検索できなくなった。

　中国共産党最大のタブーである天安門事件に関する情報は、30年以上たった今も検索できない。正確な死者数もわからないままだ。かつては、事件の発生日を示す6月4日を、「5月35日」や「8の2乗」すなわち64と呼び変えて、監視の目をすり抜けることができたが、今はいずれも検索不能になった。

　金盾工程の中核部分が防火長城（Great Fire Wall＝GFW）と呼ばれるファイアウォールだ。国内、海外とのインターネット通信を検閲し、接続規制や遮断を行っている。海外SNSが中国で使えないのもGFWのためだが、中国政府がその存在を公式には認めたことはない。

　民主主義国では、表現の事前規制である検閲は禁止されているが、中国ではサイバーポリスといわれるネット専門の「警察官」が24時間体制で検閲を行っている。その数は10万人とも20万人とも言われる。

　中国当局はさらに検閲「不可視化」も進める。アカウントや投稿の削除は、党が何を気にしているかをさらけ出してしまう。そこで、書き込んだ当人には通常と何も変わらなく見えるが、閲覧者側には見えない、検索もできなくする仕組みが導入された。

6．中産階級と市場メディア

　人民日報は党の機関紙であり、ニュースメディアではない。党の主張を末端まで伝えるのが目的である。人民日報は、熱心な共産党員か外国メディア関係者しか購読していない。人民日報の海外ニュース版である「環球時報」も、党に都合のいい海外ニュースしか伝えない。「中国は世界に注目されている」といった愛国・民族主義的な主張を繰り返し、西側諸国を批判する。しかし、実際に海外留学や仕事で世界を見た人からは、党の欺瞞が見抜かれ人気を失いつつある。

　経済成長とともに、生活に余裕のある中産階級が2〜3億人まで増えると、「宣伝」ではなく「事実」を報道するメディアを求める需要が高まった。

　こうした要求にこたえたのが、市場で読まれる・売れる新聞めざす地方紙や経

済紙だった。中国事情に精通するフリーライターのふるまいよしこによると、中国メディアが、当局発表を垂れ流すと大変なことになると、報道のあり方を問い直すきっかけとなったのが、2003年に起きた二つの事件だという。

　この年、香港でコロナウィルスの一種SARS（重症急性呼吸器症候群）が大流行した。WHOは「世界的な流行の兆し」と警告を発したが、中国衛生相は「罹患1190例。46人が死亡したが、934人は既に退院した」と発表した。

　米誌「タイム」は、中国政府発表より患者はもっと多いと報じた。これに中国の経済誌「財経」が応じ、国内の感染ルートを追跡して、医療態勢が感染拡大に追いついていないと報じた。衛生相は結局、全国での感染を認め辞任した。

　もう一つが、広州市で起きた27歳の若者に対する暴行陵虐致死事件である。地方から広州に移り住んだばかりの若者が夜、職務質問を受けた。身分証明書の不携帯で連行され、警官らに暴行を受け死亡した。当局は、死因は心臓病と遺族に説明したが、遺体には殴打の痕が残っていた。遺族は火葬を拒否し、原因究明を求めた。

　中国メディアにとって警察や裁判所、刑務所などの司法機関に批判的な報道はタブーだ。しかし、広東省の南方都市報がこの「不審死」を記事にした。その後、派出所や収容センターでの殴打が原因による「致死」と判明し、他メディアもこぞって後追い取材に乗り出した。当局も報道を事実と認め、関係した18人を逮捕した。

　南方都市報は「買って読む」市場メディアとしての紙価を高めた。購読希望者が急増し、遠く離れた北京のスタンドでも販売された。しかし、恥をさらされた地方政府は報復した。南方都市報の経営トップら十数人が令状なしで連行され、汚職などの罪で実刑判決を受けた。

　2013年1月には南方周末[2]の新年第1号の「新年の辞」が新聞制作終了後、全面的に書き換えられた。書き換えを指示したのは省の共産党宣伝部長。書き換えたのは編集長と副編集長だった。2人は1月2日、誰もいない編集室で印刷直前の6ページを書き換えた。元々の「新年の辞」は中国の夢に期待を寄せつつ、課

---

　[2] 南方都市報も南方週末も、広東省の国営企業「南方報業メディアグループ」傘下の新聞社。自由主義的メディアとして知られた。

題解決の難しさを指摘するものだった。

　だが、「中国の夢」は習近平のスローガンである。内容を問題視した宣伝部長が、機関紙調の表現に変えさせた。改竄を知った南方周末の記者たちは微博で抗議し、党宣伝部長の更迭を要求した。有識者や読者も記者を支持し、社屋前にプラカードを持って集まり、宣伝部長の行動を非難した。

　しかし、微博上の記者たちの書き込みは、当局の指示で次々消された。党中央の宣伝部が「海外敵対勢力の介入によるもの」と通達を出し、南方周末への声援が禁じられた。中央宣伝部の威光は絶大だ。

　中国メディアやネット世論は、地方で社会問題が起きると、地方政府を批判して中央に叱責してもらう、というシナリオを描いて行動してきた。党中央が地方政府の非を認めないと言ったら、それは最終的な決定だ。

　1月10日の南方周末第2号は、抗議していた記者たちが職場に戻って制作した。その後、党による人事管理が強化され、南方メディアグループは2015年8月「党の指導を受け入れ、政治思想教育を強化し、編集システムの管理を強化する」とサイトで決意を表明した。市場メディアは降伏した。

　2013年に習近平が国家主席に就いてから、「電視認罪」と呼ばれる見せしめが始まった。電視とはテレビ、認罪は罪を認めること。つまり、容疑者が正当な裁判を受けることなく、テレビカメラの前で自白させられることだ。毛沢東時代の見せしめである「人民裁判」のテレビ版である。

　容疑者として拘束された者は、誘導、拷問を受けながらも「強制や拷問は受けたことがない。中国の司法は公正だ。共産党や中国政府に感謝する」などと表明させられる。友人や同僚を批判させ、築いてきた人間関係を破壊し、心に深い傷も残す。近代刑法が原則とする推定無罪の原則は無視される。

　電視認罪の主な標的となったのが、公知（ゴンジー）と呼ばれるSNSで人気の知識人たちだった。学者、ジャーナリスト、実業家などの知識人が、微博で庶民の気持ちを代弁していると人気を集めた。

　政府は、微博が世論を動かすことを警戒し対策に乗り出した。2013年8月、ある公知が「通報」により買春容疑で逮捕された。1週間前の会合で、政府当局者を罵倒したことへの報復だった。逮捕の1週間後、この公知は国営放送で「外国に金をもらって」「ネットで有名になり皇帝気分だった」と「自供」した。

微博には、「デマ」書き込めばアカウントを抹消する新ガイドラインが導入された。何がデマかは事前にはわからない。政府に都合の悪いことはすべて「デマ」になりうる。微博から政府批判はなくなり、読み応えのある記事は減った。ユーザーはよりクローズドなソーシャルメディアのウィーチャットに移った。

国家インターネット情報弁公室が 2021 年、ニュースアプリ、サイトに掲載できる記事の公認提供元をリスト公表した。非公認メディアの記事を使えば処罰対象となる。独立系メディアは除外された。

7．ロシアとメディア

ロシアは、アフリカ大陸とほぼ同じ 1708 万 km² の国土を持つ広大な国だ。人口約 1 億 4680 万人（2017 年）のうち 8 割がロシア民族で、100 を超す少数民族を抱える。ロシアにはソ連末期のゴルバチョフ政権時代とソ連崩壊の直後を除くと、報道の自由は存在しなかった。

1917 年の共産革命後、ソ連は長く「タス通信」と党機関紙「プラウダ（真実）」、政府公式紙「イズベスチヤ（報道、ニュース）」を通じて、情報発信を一元的に管理した。ソ連時代の共産党員は、プラウダの購読を義務付けられていた。同紙の発行部数は最盛期 1500 万部に達した。

フランスの思想家ジャック・アタリによれば、スターリンが死去した 1953 年頃、ソ連では検閲によって年間約 400 の書籍と記事が発禁処分となっていた。政府は新聞を即日廃刊させることもできた。西側のラジオは受信されないように妨害された。しかし、水面下では粛清の事実や不当逮捕を糾弾する出版物が刊行され続けた。1949 年に国営のテレビ放送が始まった。

ソ連は 1981 年、西側のラジオ放送の受信妨害をやめた。1985 年、ゴルバチョフが権力を握ると、検閲が緩和された。ラジオ局「若者」などの人気番組が、社会問題を正面から取り上げるようになった。

1986 年 4 月にチェルノービリ原発事故が起きると、検閲当局は事故を隠蔽しようとした。しかし、政府と党のトップにすら、まともな情報があがってこないことに業を煮やしたゴルバチョフは情報公開（グラスノチ）を進め、言論活動を自由化した。1988 年に 250 だった新聞と雑誌の創刊数は、翌年 762 に増えた。

1989 年のベルリンの壁崩壊以降、東欧の共産党独裁体制が次々と崩壊し、西側

陣営に加わった。1991 年のソ連守旧派によるクーデター未遂事件をきっかけに、ソビエト連邦内の複数の共和国が独立を宣言し、ソ連は崩壊した。

　ソ連は 15 の共和国に分かれ、国土の大部分を新生ロシアが継承した。ゴルバチョフも初代ロシア大統領エリツィンも経済運営に失敗し、1990 年代のロシアは長い不況に苦しんだ。このため、2018 年に行われた世論調査では「ソ連崩壊を残念に思う」との回答が 66%に達した。

　共産党員に対する強制購読がなくなったプラウダの部数は、1990 年に 270 万部、1997 年に 25 万部まで激減した。イズベスチヤはソ連崩壊後、一民間新聞になった。現在は親プーチン路線で知られるが、部数は 20 万部前後と低迷している。

　1993 年に、ゴルバチョフと富豪アレクサンドル・レベデフらが「ノーバヤ・ガゼータ」を創刊した。同紙はエリート層の腐敗、ファシスト集団の活動を糾弾すると宣言し、国家権力を監視した。

　2000 年、ウラディミール・プーチンがエリツィンの後継指名を受けて大統領に就任すると、メディアを取り巻く環境は一変した。

　プーチンは強権的な手法で、富を蓄えていたオリガリヒ（新興財閥）の力を削ぎ、国家に権力を集中させた。2000 年の大統領就任 5 日目には、メディア王と呼ばれたグシンスキーに国有財産横領容疑をかけ、彼が所有するメディア持ち株企業を国営ガスプロムの子会社に譲渡させた。グシンスキーはスペインに亡命した。

　ロシア公共テレビの大株主だったベレゾフスキーも同年、最高検から出頭命令を受けて、英国に亡命した。プーチンは、100%国営のロシアテレビ（現 RT）と合わせて、3 大全国ネットを支配した。

　プーチンは 2022 年 11 月現在、大統領 4 期目の任期の途中にいる。ロシア憲法は大統領の連続 3 選を禁止するが、2000 年から 2008 年まで 2 期連続で大統領を務めた後、元部下メドベージェフを傀儡大統領につけ、自分は 4 年間首相に務めた。その間に憲法を改正し、大統領任期を 4 年から 6 年に延長して、2012 年に大統領に復帰した。任期は 2024 年で切れるが、2020 年 7 月には再び憲法を改正し、長期政権を可能にした。

　改正憲法でも大統領任期は通算 2 期のままだが、「現職と経験者はゼロとみなす」規定を導入して、最長 2036 年まで大統領にとどまることができる。同時に

大統領経験者とその家族には刑事・行政上の免責特権も付与した。大統領退任後は、上院議長に転じて「院政」を敷くシナリオも取り沙汰される。

８．政敵の逮捕・暗殺

ロシアのウクライナ侵攻後、バイデン米大統領は記者の質問に対し「プーチンは人殺しだと思う」と答えた。プーチンはソ連の KGB（秘密警察）出身で、後継組織の FSB（ロシア保安庁）を使って、野党の政治活動や言論活動の厳重な監視を行っている。政敵排除や反体制メディア弾圧のために、非合法手段を使っているのは公然の秘密だ。

2020 年 8 月、プーチン政権の強権体質を批判する民主活動家アレクセイ・ヌバリヌイが、シベリアからモスクワへ向かう機内で倒れ、意識不明になった。紅茶に猛毒のノビチョクを盛られたためだ。ヌバリヌイはドイツで治療を受け回復した後に帰国したが、間もなく逮捕され、詐欺や法廷侮辱などの罪で有罪となり収監されている。

2004 年には、プーチンのチェチェン政策を批判した女性記者ポリトフスカヤが紅茶を飲んで意識不明の重体となった。奇跡的に回復したものの、2 年後にモスクワの自宅前で何者かに射殺された。所属するノーバヤ・ガゼータで犠牲になった記者は、彼女で 3 人目だった。プーチン政権下では、140 人以上のジャーナリストが不審死を遂げている。

ロシアでは、取材するニュースやテーマを独自に選べると回答したジャーナリストは 1992 年の 60％から、2008 年に 20％に減った。

2006 年には、元情報将校のリトビネンコも亡命先の英国で緑茶を飲んだ後、放射性物質ポロニウムによる中毒で死亡している。

９．ウクライナ侵攻

2022 年 2 月 24 日、ロシア軍が隣国ウクライナに侵攻した。プーチンは、ウクライナ東部でロシア系住民がウクライナ軍に迫害されているという偽情報を流し、ロシアの侵略の正当化を試みた。しかし、ロシア軍の残虐なジェノサイド（集団殺戮）の実態が明らかになるにつれ、中国などの専制国家を除く、国際社会の大勢はロシアを非難した。一方で、報道統制下のロシアの国民の認識は、国際社会

と大きく異なる。

　独立系世論調査会社のレバダセンターが同年 4 月に実施した調査では、プーチンが「特別軍事作戦」と呼ぶ侵略行為を 74％が支持した。

　同年 5 月 30 日の読売に、都内でウクライナ避難民の支援に取り組むロシア人女性を紹介する記事が載った。彼女が電話で、ロシアに住む彼女の母親にロシアの侵略について話すと、「プーチン大統領がウクライナ人の虐殺を止めてあげている。あなたは国を離れて長いからわからないのね」と叱られたと言う。偽情報だけに取り囲まれると、この母親のように、娘の忠告にも耳をかさなくなる。

　プーチンはウクライナ侵攻後、ロシア軍の発表通りの報道をしないと「フェイクニュース流布」の罪として最高 15 年の禁固刑に処せられる法律を導入した。政権に都合の悪い真実はすべて「フェイクニュース」として切り捨てられる。

　2021 年のノーベル平和賞を受賞したドミトリー・ムラトフが編集長を務めるノーバヤ・ガゼータは長年、言論弾圧に抗し事実を伝える報道を続けてきが、政府から再三の警告を受け「特別軍事作戦」終了まで活動停止を決めた。ロシアメディアは政府のプロパガンダ機関だけになった。

　ロシアは帝政ロシア時代以来、戦争や策略で領土拡張を続けてきた。国民が、自由な報道や民主主義的な価値観に触れた期間は短い。1991 年のソ連崩壊によって勢力圏が縮小し、1990 年代の長い不況を経験した年配者は、大国の地位を取り戻すには、軍事力行使を含むプーチンの強権的な行動もやむなしと考える人が少なくないとされる。

　だが、ロシア軍は今、ウクライナ軍の頑強な抵抗に苦戦している。予備役が動員され、国内でも反政府デモが再燃している。プーチン独裁がいつ終わるのか予断を許さない。

　表現の自由のある国とない国の違いは、権力の暴走を止める手段の有無にある。迅速な国家意思の決定と政策遂行の効率化は、どの国にとっても共通課題である。独裁国家の意思決定は迅速だが、権力分立がなく、野党やメディアも機能していないため、指導者が暴走をしたときに、それを阻止することができない。

【報道の自由度ランキング】

　世界各国の報道の自由度を評価するランキングは二つある。フランス拠点の国境なき記者団(Reporters Without Borders)と米国の国際団体フリーダムハウス（Freedom House）によるものだ。

　いずれも上位は北欧諸国、下位は北朝鮮や中国など独裁的国家と共通だが、日本の順位は大きく異なっている。2017 年版をみると、フリーダムハウス版は 48 位だが、国境なき記者団版は 72 位になっている。

　前者が「政治」「経済」などジャンルごとに、記者への危害の可能性など直接的脅威にウエイトをおいてスコア化するのに対し、後者は人権活動家やジャーナリストなどへのアンケートを基礎にしている。政府やマスコミに対する回答者の感情に左右される面が大きいと指摘される。

　国内では、日本の評価が低い国境なき記者団版の方が有名だが、報道機関はこのランキングに批判的だ。フリージャーナリストの江川紹子も「『日本は報道の自由が低い』と言われても、ピンとこないのが本当のところ。主観の入る問いが多いわりに、どういう人たちが選ばれ、どのように評価対象を割り振っているのかもよく分からない」と述べた。

1 位	ノルウェー	92.65
2 位	デンマーク	90.27
3 位	スウェーデン	88.84
41 位	ブルキナファソ	73.12
42 位	アメリカ	72.74
43 位	韓国	72.11
66 位	ポーランド	65.64
71 位	**日本**	**64.37**
175 位	中国	25.17
180 位	北朝鮮	13.92

　上の順位は、国境なき記者団の 2022 年版調査の一部だ。スコアは 100

満点で、スコアが高いほど報道の自由度が高い。

　日本は、野田政権時代の 2012 年は 22 位だったが、安倍政権に代わった翌年に 53 位に急落し、以降は 60～70 位前後で推移する。記者クラブの閉鎖性など以前から指摘される問題より、自民党政権の体質を問題視したものと思われる。

第15章　メディアと法

１．表現の自由

　自由主義諸国においては、表現の自由は民主主義に不可欠な要素として憲法で
保障されている。日本の最高裁は 1979 年の猿払事件判決で「表現の自由は、民
主主義国家の政治的基盤をなし、国民の基本的人権のうちでもとりわけ重要なも
の」と述べる。

　憲法は、立法、司法、行政など国家権力の組織を定め、それぞれの国家機関に
権力を授権する国家の基本法だが、こうした組織規範や授権規範は、より根本的
な人権規範に奉仕するものとされる。統治機構は、基本的人権を保障するための
手段と位置付けられる。

　そもそも法とは、社会の成員が従うべき社会規範の一つだ。社会規範には法以
外にも、道徳、慣習などがある。法と他の社会規範との最大の違いは、国家権力
によって規範の実効性が確保されている点にある。中には罰則規定がなく、倫理
規定とされるものもあるが、法と法以外の社会規範との違いは、基本的に国家に
よる強制力が働くかどうかだ。法は必ずしも国会で制定され、明文化された成文
法に限らない。慣習的に成立した慣習法、裁判所の判例なども含まれる。

　メディアやジャーナリズムに関する法では、「表現の自由」を保障する憲法 21
条が特に重要である。

　　憲法21条 集会、結社及び言論、出版その他一切の表現の自由は、これを保
　　障する。
　　② 検閲は、これをしてはならない。通信の秘密は、これを侵してはならな
　　い。

　憲法は、新聞、雑誌、ラジオ、テレビ、映画、インターネットなどあらゆるメ
ディアを通じた「一切の表現の自由」を保障する。集会の自由は、表現の自由の
一形態であるが、多数の人が一定の場所に集合し行動を行うため、時・所・方法
などの面で、純粋な言論活動より広い規制が許容されると考えられている。

　表現の自由は伝統的に、表現者が国家の干渉を受けない「国家からの自由」である。しかし、20世紀には国家の役割が社会福祉や教育の充実にも広がり、大量の個人情報を保有するようになった。マスメディアが発達し、表現の送り手と受け手の分化も鮮明になった。表現の自由を「情報の受け手」である一般市民の立場から、「知る権利」として再構成して理解すべきだとの認識が広がった。

　知る権利は、国家の関与を阻むだけでなく、積極的に国家に対し情報公開を求める「国家への自由」の側面を持つ。ただ、知る権利は理念的な権利であり、国家に対する具体的な請求権となるには立法措置が必要だと解される。

　地方公共団体は1980年代から情報公開条例の制定を開始し、国レベルでも2001年4月に情報公開法が施行され、政府に情報公開を請求することが可能になった。ただ、公開する情報は行政側が選ぶため、開示して支障のない情報まで黒塗りにされている場合がある。

　報道機関は情報公開制度を積極的に活用している。近年では、富山の地元テレビ局チューリップテレビが2016年に、富山市議会議員の政務活動費（政活費、1人最大月15万円支給）の不正受給を暴いた。同市議会の市議38人のうち、不正受給していた14人の議員が相次いで辞職した。いずれもテレビ局の記者が情報公開制度を使って、支出伝票のコピーを取得し、「領収書のねつ造と改ざん、水増し」を報道したことが引き金となった。この調査報道の過程を描いた映画「はりぼて」は2020年に上映された。

２．自己実現と自己統治

　表現の自由は、民主的な政治プロセスにとって必要不可欠な権利である。フランス革命の指導者ラ・ファイエットは1789年のフランス人権宣言で、「思想および意見の自由な伝達は、人の最も貴重な権利の一つである」と精神活動の成果を表明する意義を強調した。表現の自由のない国に民主主義は成立しない。国家安全法施行後の香港、ウクライナ侵攻後のロシアの現状をみれば、明らかである。

　憲法学者の芦部信喜によれば、表現の自由の憲法上の価値は次の二つである。

　　　表現の自由を支える価値は二つある。一つは、個人が言論活動を通じて自己の人格を発展させるという、個人的な価値（自己実現の価値）である。

もう一つは、言論活動によって国民が政治的意思決定に関与するという、民主政に資する社会的な価値（自己統治の価値）である。表現の自由は、個人の人格形成にとっても重要であるが、とりわけ、国民が自ら政治に参加するために不可欠の前提をなす権利である。

　仮に政府が財産権などの経済的自由権を不当に侵害しても、民主主義の政治プロセスが正常に機能していれば、政権交代などを通じ是正の機会が与えられる。だが、民主主義を支える「表現の自由」が失われれば、国民は政策判断に必要な情報を入手することができず、的確な判断をすることができなくなる。もしも表現の自由を毀損する立法がなされた場合、裁判所が違憲立法審査権を行使して、規制法の合憲性を厳しく審査し、「思想の自由市場」の機能を回復する必要がある。民主主義国が、表現の自由などの精神的自由権を人権のカタログの中で優越的地位におき、検閲などの事前規制を禁止するのも、政治的な意思決定に情報の自由な流通が不可欠だからである。

　ただ、表現の自由も無制約ではない。憲法 13 条は「すべて国民は、個人として尊重される。生命、自由及び幸福追求に対する国民の権利については、公共の福祉に反しない限り、立法その他の国政の上で、最大の尊重を必要とする」と人権も「公共の福祉」による制約がある旨を規定する。

　表現の自由も、他者の人権との両立を図るため、権利一般に内在する制約がある。憲法の保障の枠外にある表現としては、まず他人の名誉を傷つける行為が考えられる。こうした表現行為は、刑法の名誉毀損罪（230 条）、侮辱罪（231 条）、信用棄損・業務妨害罪（232 条）などのほか、民法の不法行為（709 条）などによって事後的に規制されてきた。

　表現行為を規制する場合、憲法が保障する表現の自由との関係が常に問われる。表現の自由の本質は「国家からの自由」だ。虚偽情報、有害情報を規制するにしても、「誰が」「どのような基準で」真偽や有害性を判断するか、大きな問題となる。国家の積極的な関与を認めることは、表現の自由の基盤である思想の自由市場論と相容れない。

　思想の自由市場論は、17 世紀の詩人ジョン・ミルトンのパンフレット「アレオパジティカ」に淵源を持つ。ミルトンは、自由な公開の場で議論することで、真

理は虚偽に打ち勝ち、最も合理的な結論に到達すると述べ、当時の検閲条例を批判した。

　欧米メディアは概して、日本メディアに比べ党派性が顕著であるが、党派性の強い情報であっても、社会に多種多様な情報が併存するのであれば、思想の自由市場における言論同士の対抗を経て、真実が見出されると期待した。

　思想の自由市場論は 20 世紀に入り、米国連邦最高裁の判例でも、たびたび言及された。1919 年のエイブラムズ事件において、ホームズ判事は、言論の妥当性は思想の自由市場において判定されるべきであるとして、扇動誹謗罪に問われた被告の有罪判決に反対した。ホームズと並ぶリベラル派判事のブランダイスは、1927 年のホイットニー対カリフォルニア州事件で、民主主義社会で少数意見を尊重する重要性を説き、表現行為の規制は緊急事態に限るべきだと主張した。

　ただ、思想の自由市場論は基本的に、表現の自由を正当化する理屈であり、言論空間の現実を説明するものではない。思想の自由市場に、真理と誤謬とを選り分ける「自動調整作用（the self-righting process）」が存在する保障はない。

3．検閲・事前抑制の禁止

　検閲は、表現の発表そのものを禁止し「表現をなかったこと」にするものだ。表現行為にとっては最も厳しい制約となる。憲法 21 条 2 項前段は「検閲はこれをしてはならない」と規定する。

　事前抑制は、当局者が表現の内容を審査し、一般の人々がその表現に触れる機会を奪うもので原則として禁止される。最高裁は、検閲の主体は行政権であると限定的に解釈し、検閲の禁止は絶対的だが、裁判所による公正な手続きによる事前抑制は検閲に当たらず、例外的に許されると両者を区別している。

　1979 年の北海道知事選で、立候補予定者の一人が、彼を中傷する記事を掲載した雑誌「北方ジャーナル」の出版事前差し止めの仮処分を求めた。最高裁はこれについて、「表現内容が真実でないか又は専ら公益を図る目的のものでないことが明白であって、かつ、被害者が重大にして著しく回復困難な損害を被る虞があるときに限り、例外的に許される」と述べ、出版差し止めの仮処分が憲法に違反しないとした。

　検閲の時期は従来、表現の発表前と判断されてきたが、表現の自由を知る権利

の観点から捉えると、思想・情報の受領時点を基準として、受領を著しく困難とするような事後規制も検閲の問題とする考え方もある。

4．報道の自由

　報道は、国民の知る権利に奉仕するものとして重要な役割を担っている。最高裁は博多駅テレビフィルム事件[1]で、「報道機関の報道は、民主主義社会において、国民が国政に関与するにつき重要な判断の資料を提供し、国民の『知る権利』に奉仕する」とその重要性を認めている。

(1)取材の自由

　報道は、取材・編集・発表という一連の作業が不可分に結びついている。メディアの表現の自由を保障するには、編集・発表行為の保護だけでは十分ではない。

　最高裁は外務省秘密漏洩事件（西山記者事件）に関して、取材の自由は憲法21条の精神に照らし「十分尊重に値するもの」と述べ、「報道機関が公務員に対し根気強く執拗に説得ないし要請を続けることは、それが真に報道の目的からでたものあり、その手段・方法が法秩序全体の精神に照らし相当なものとして社会観念上是認されるものである限り」違法性はないと理解を示した。ただ、この事件では、毎日新聞の記者が外務省の女性職員と肉体関係を持ち、沖縄返還に関する日米密約の情報を得たため、相当な取材方法ではないとして、記者を有罪とした。

(2)取材源の秘匿

　取材の自由に関連して、記者が取材源（情報提供者の身元）の証言を拒否できるかもたびたび問題となる。日本の訴訟法は医師や弁護士などの専門職と異なり、記者に証言拒否を認めていない。だが、ジャーナリストにとって取材源の秘匿は職業上の原則だ。取材源を明らかにすれば、記者と情報提供者との信頼関係を壊

　1　博多駅テレビフィルム提出命令事件は、アメリカの原子力空母寄港反対闘争に参加した学生と機動隊が博多駅付近で衝突し、機動隊側に過剰警備があったとして付審判（起訴のような手続き）請求がなされた事件。福岡地裁はテレビ局に衝突時の様子を撮影したフィルムの提出を命じたが、テレビ局は報道の自由を侵害するとして争った。最高裁は公正な裁判の要請に基づく提出命令の必要性と取材の自由が妨げられる程度、報道の自由に及ぼす影響の度合い等を比較衡量すべきだとした上で、フィルムは過剰警備か否かを判定する上で必須なものであると判断し、提出命令を合憲とした。

し、情報提供者の立場もあやうくする。

　最高裁の判断は刑事事件と民事事件でわかれる。民事事件については、特段の事情がない限り、取材源の秘匿は「職業上の秘密」として保護されるとしている。

（3）放送の自由

　放送メディアにも憲法 21 条の表現の自由は及ぶが、新聞や雑誌などのプリントメディアとは異なり、特別の規制がある。

　放送は日本に限らず多くの国で、免許制が採用されている。地上波放送は、有限で希少な電波を独占的に利用するため、高い公共性が求められるという理由だ。混信を防ぐため、放送事業者に周波数を割り当てる必要もある。テレビについては、映像メディアが大衆の情動に与える強い影響力も規制根拠に挙げられる。現在はケーブルテレビ、衛星放送の発達で多チャンネル化が進み、インターネット配信も普及した。電波の希少性や情動面の影響力の大きさは、放送にだけ特別の法規制を認める根拠として説得力が薄れている。

　公共放送である NHK は別として、民間放送局は、広告収入に依存するビジネスモデルである。視聴率が稼げる娯楽番組に傾きやすい。特に、民放のバラエティー番組では、やらせ・捏造がたびたび表面化し、低俗だとの批判は根強い。

　近年は放送規制の根拠として、基本的情報提供論や部分的規制論などの学説が台頭している。基本的情報提供論は、放送が社会についての基本情報を公平かつ低コストで提供するのに最もふさわしいメディアあるため、特別な規制が許されると説く。部分的規制論は、表現の自由が確立している新聞や雑誌などの印刷メディアがすでにあるので、放送に公的な規制を加えることで、両者の微妙な綱引きが生じ、過度な党派的報道が抑制され、規制の行き過ぎにも歯止めがかかると考える。

　放送メディアの自由に対する規制法として特に問題視されるのが、公正原則を定めた放送法 4 条 1 項の番組編集準則である。

　放送法 4 条 1 項
　　放送事業者は、国内放送及び内外放送（以下「国内放送等」という。）の放送番組の編集に当たっては、次の各号の定めるところによらなければならない。

一　公安及び善良な風俗を害しないこと。

二　政治的に公平であること。

三　報道は事実をまげないですること。

四　意見が対立している問題については、できるだけ多くの角度から論点を
　　明らかにすること。

　総務省は 1993 年のテレ朝「椿事件2」以降、番組編集準則に違反した場合、電
波法 76 条による停波処分が可能だとの立場をとる。第三次安倍政権の高市総務
相も 2016 年の国会答弁で「極めて限定的」としつつも、政治的に不公平な放送
が続けば、電波停止命令もあると発言した。

　公正原則を撤廃した米国の放送業界で、党派性の強い番組が多数登場したこと
を踏まえれば、2 号の「政治的に公平であること」、4 号の「多くの角度から論点
を明らかにする」ことも妥当にみえる。だが、放送メディアはウォッチドックと
して政府監視の役割を担っている。監視対象である政府が「政治的公平性」を判
断できるのか疑問がある。

　先進国では通常、行政府から独立した規制機関が放送局の審査や指導を行う。
英国では放送通信庁（Office of Communications＝Ofcom）が、米国は連邦通信
委員会（Federal Communications Commission＝FCC）がその任にある。

　日本も戦後まもなくは、FCC を範にした電波監理委員会が作られ、行政府から
独立して放送行政を担った。しかし、当時の吉田茂首相は強い権限を持つ独立機
関を嫌い、米の占領が終わると、委員会を廃止して、その役割を郵政省（総務省
の前身）に移した。

5．二重の基準

　表現の自由にも、他者の人権との調整を図るために一定の内在的な制約がある。
表現の自由を規制する立法の合憲性を審査する基準として、日本で広く支持され

　2　椿事件とは、テレビ朝日の取締役報道局長だった椿貞良が 1993 年の日本民間放送連
盟の会合で、同年の総選挙で反自民の連立政権の誕生を後押しするために偏向報道を行った
と発言したとされる事件をいう。産経新聞が報道すると、椿は取締役と報道局長を解任され
た。

てきた見解が「二重の基準（Double Standard）」だ。

　表現の自由などの精神的自由は、民主政の政治過程に不可欠の権利であるから、経済的な自由よりも「優越的地位」を占めると考え、経済的自由の規制立法よりも厳しい基準によって審査されなければならないとする理論である。

　裁判所が二重の基準をとるのは、精神的自由の優越性に加え、審査能力の問題がある。精神的自由に対する規制については、裁判所と立法府の審査能力の差はない。一方、経済的自由の規制は、経済や金融に関する複合的な知識が必要とされ、裁判所は政策の妥当性を審査する能力に乏しいため、立法府の判断を尊重するのが望ましいと考えられる。従って、経済的自由に対する規制は合憲性が推定され、明白に違憲と認められない限り、合憲と判断される例が多い。

　表現行為に対する規制が憲法に違反しないかどうかを審査するには、表現行為の形態、規制の目的や手段に応じて、さらに細かく具体的な判定基準が考え出されている。

　ここでは、とりわけ有名な「明白かつ現在の危険（Clear and Present Danger）」の基準と、「より制限的でない他の選び得る手段（Less Restrictive Alternative）」の基準の二つを取り上げる。

　「明白かつ現在の危険」の基準は、①ある表現が害悪を起こす蓋然性が明白で②害悪が極めて重大で切迫していること③問題となっている規制が害悪を避けるために必要不可欠である場合に限って、その規制を合憲とする厳しい基準である。一定の「表現内容」自体を規制する立法の違憲審査に使うべきだとされる。

　「より制限的でない他の選び得る手段」の基準は、規制が表現内容を問題としておらず規制の目的も妥当だが、目的達成の手段として必要最小限な範囲かどうかを審査するものだ。問題とされる規制よりも制限的でない手段があれば、その規制は違憲と判断される。

【プレスの4理論】
　　言論の自由の基礎には「思想の自由市場論」がある。しかし、自由市場の理想像と言論空間の現実には深い溝がある。メディアには、民主主義の政治過程を正常に機能させる責任ある報道が求められる。
　　メディアの社会的責任の観点から、プレスの自由を論じたものとして

は、米国のプレス自由委員会（The Commission on Freedom of the Press）の報告書「自由にして責任あるプレス」が有名だ。プレスは新聞に限らず、報道機関全般を指している。

　セオドア・ピータスンら米国のマスコミ研究者たちは、委員会の議論を整理し、報道機関が異なる体制の下でどのような役割を期待されてきたかを振り返りつつ、第二次大戦直後のマスメディアの理論的な説明を試みた。彼らによると、歴史的に報道機関に期待される役割は以下の 4 つに分類される。

　　権威主義理論　16〜17 世紀のイギリスを念頭に、絶対主義王制のもとで国家の政策を支持することが報道の目的であるとする。
　　自由至上主義理論　J・ミルトンの思想の自由市場論を基礎に、市民が政策について考えて議論するプロセスを助けることが報道の目的だとする。
　　社会的責任論　第二次世界大戦後、マスメディアが巨大化するとともに、心理学の視点から人間の合理性に対する懐疑が広がった。自由な言論され与えられれば、最適解が得られるという自由市場論が疑問視され、メディアは自由で責任ある報道をすべきだとする。
　　ソビエト共産主義理論　共産党の 1 党独裁に貢献することが報道機関の役割だとする。

　社会的責任理論は、情報空間の現実に合わせた自由主義理論の修正版であり、ソビエト共産主義理論は、絶対王政時代の権威主義理論の変種といえる。

　プリントメディア主流の 1950 年代も、不正確な報道が横行し、思想の自由市場の自動調整機能の限界が指摘された。ピータースンは「ジョン・ミルトンは社会的責任論には賛成しないかもしれない」が、報道機関に国家からの自由を保障すれば足りるとする「純粋な自由主義理論というものはもう時代遅れだ、ということは明白すぎるほど明白である」と述べ、メディアの社会的責任を説いた。

第 16 章　各国のフェイクニュース対策

1．民主主義の退潮

　2022 年 9 月、ウズベキスタンの古都サマルカンドで、上海協力機構（Shanghai Cooperation Organization＝SCO）の首脳会議が開かれた。加盟国、加盟候補国、オブザーバーのリストには、非民主的な専制国家がずらりと並ぶ。今回の会議はイラン加盟を認め、欧米流の民主主義に対抗し、世界の多極化を進めるとの共同宣言を発表した。

　今、世界各地で民主主義の退潮が著しい。スウェーデンの研究機関 V-Dem の「DEMOCRACY　REPORT」によれば、選挙を通じた独裁的な国家は 1972 年に 36 か国だったが、2021 年に 60 ヵ国に増えた。完全な独裁国家は 2013 年の 21 ヵ国から 2021 年に 30 ヵ国と急増した。世界総人口の 70％に当たる 54 億人が独裁的な国家で暮らす。

　中露などの独裁政権は、民主主義的な価値観が広がるのを警戒し、SCO 拡大などを通じて勢力圏を広げる一方、フェイクニュースを流布したり、サイバー部隊を通じて自国に有利な投稿を行って、民主主義諸国の意思決定や選挙に介入している。欧米諸国が 21 世紀初頭に期待した中露とのグローバルで包括的な協力関係の構築は当面望めない。

　笹川平和財団は 2022 年 2 月に発表した、日本のサイバー安全保障に関する政策提言で「外国からのディスインフォメーションは、人間の認知領域への攻撃」と述べ、国家意思の決定プロセスに対するサイバー攻撃は、民主主義国家の安全保障上の重大な脅威だとした。

　人間には、自分の都合のよい情報を受け入れる確証バイアスがある。自分のバイアスを自覚することは容易ではない。P・ラザースフェルドの選挙研究によれば、民主主義が理想するとする合理的な投票者はほとんど存在しないという。

　大衆の多くは、自ら情報の真偽を論理的に分析するより、自分たちの集団のオピニオンリーダーの指し示す方向に従う傾向が強い。オピニオンリーダーを介した情報操作に対しては脆弱だといえる。

　有権者の不安と不満をつかみ、耳障りのいい言葉をいうポピュリスト政治家は、

社会の分断から生まれ、社会の分断を加速している。分断が進んだ社会では、事実は何かについてすら一致することが出来ない。まともなメディアが、正しい情報を配信しても、ポピュリスト的なオピニオンリーダーに従う層には届かない。フェイクニュースが事実よりも影響力を持つ「ポスト真実」の時代は、民主主義にとって危機的な状況といえる。

　フェイクニュースはインターネット登場以前からあったが、ソーシャルメディアの情報は、個人の政治傾向や興味に合わせてパーソナライズ化されているだけに、個人の社会認識に与える影響力はより大きいと考えられる。

２．海外のフェイクニュース対策

　フェイクニュースの蔓延に対して、欧米各国はリテラシー教育の充実、ジャーナリストや NGO によるファクトチェック、プラットフォーマーによる自主規制、広告業界を通じた規制、発信者情報開示手続きの簡素化など、汚染されたインターネット情報生態系の浄化に向けた多元的な取り組みを開始している。

(1) EU の対策

　EU は 2016 年のブレグジットと米大統領選以降、外国勢力による世論操作への危機感を強めている。域内では従来、米国で反発を受けた社会的責任論が受容され、フェイクニュースに対し公私の共同規制がとられている。

　EU においては、高等専門家グループ（HLEG）が 2018 年 3 月に偽情報対策の報告書を取りまとめ、欧州委員会（欧州委）がこの報告書をもとに、同年 9 月に「偽情報に関する行動規範（Code of Practice on Disinformation）」を作成した。行動規範に法的な強制力はないが、プラットフォームなど多様なステークホルダーに規範への同意と、それに沿った対応をとることを求めた。

　欧州委はその後、プラットフォームの強大化に伴って①デジタルサービスをめぐる課題と②デジタル分野の競争ルールに関する公聴会を実施して、EU 全体で取り組むべき政策課題を洗い出し、2020 年 12 月デジタルサービス法（Digital Service Act＝DSA）とデジタル市場法案（Digital Market Act＝DMA）」を発表した。

　DSA は、第三者のデータを伝達・保存するサービス、特にソーシャルメディア

運営事業者の責任を規定する。個々の加盟国がグローバルに活動するプラットフォーマーに実効性ある対策を講じることは困難であるため、事業者の種別と事業規模に応じた EU 統一ルールを提案している。DMA は巨大 IT 企業による独占を制限し、中小事業者に公平な競争環境を提供するのが主な目的である。

EU の最高意思決定機関である欧州理事会は 2022 年 10 月 4 日、加盟国との調整を経て、巨大 IT 企業への監督を強化する DSA 最終案を承認した。自主規制を軸とする方針に変更はないが、公的関与は一段と強まる。

DSA は発効すると、EU 全体に直接適用される。規制内容は多岐にわたるが、以下の点が重要である。

1. 児童ポルノやデマ、ヘイトスピーチなどの違法表現は、通報を受けたら速やかに排除する。
2. 利用者が月 4500 万人以上の事業者にサービス、アルゴリズムの定期点検などを義務づける。
3. 詐欺的な誘導で購入を促す「ダークパターン」サイトの設計禁止。
4. 子どもへのターゲティング広告禁止。
5. 違反企業に、最大で世界売上高の 6%の罰金を科す。
6. 緊急時には偽情報やプロパガンダを制限する措置を指示する。
7. ベンチャーや中小企業の競争を妨げないように配慮し、EU 域内での月間利用者が 4500 万人未満の企業の義務は一部軽減する。

このうち 6 .の条項はウクライナ侵攻時、ロシア発の「ディープフェイク[1]」動画が問題化したことから追加された。不適切と疑われるコンテンツに目印をつけるなど、利用者に注意喚起することを事業者に求める。巨額の罰金が規制の実効性を担保すると予想されるが、情報の真偽や違法性を企業が適切に判断できるのか、という課題が指摘されている。

---

[1] ディープフェイク　AI の深層学習技術で作られた、本物の動画や画像と見分けのつかない精巧な偽画像・偽動画などを指す。

（２）　ドイツの対策

　ドイツは戦前、ナチスのプロパガンダが全体主義とホロコーストを招いた反省から、国是として「闘う民主主義」を掲げ、人種差別的言論など一定内容の表現そのものを禁止する。ドイツ基本法 18 条は、意見表明の自由等を「自由で民主的な基本秩序に敵対するために濫用する者は、これらの基本権を喪失する」と規定する。

　メディアの自由も、報道機関のために認められた自由というより、メディアが果たす公共的な役割のための手段的な権利だと理解され、自然人の伝統的な個人的表現の自由と区別される。

　ドイツはさらに、2015 年のシリア危機を機に急増した難民に対するヘイトスピーチが横行したことを受けて、2017 年 10 月に「ソーシャルネットワークにおける法執行を改善するための法律（NetsDG）」（通称・フェイスブック法）を施行した。この法律は、SNS に明らかなヘイトスピーチやフェイクニュースが書き込まれ 24 時間以上放置された場合、その事業者に最大 5000 万ユーロの過料を課す。実際、独司法当局は 2019 年 7 月、フェイスブック が提出した違法投稿等に関する報告書に不備があるとして 200 万ユーロの支払いを命じた。

（３）アメリカの対策

　米国は封建社会を経験せずに、自由権を最大限尊重する理念の元に建国されたため、憲法修正 1 条が個人やメディアの表現の自由を幅広く保障する。かつて放送内容の中立・公平を定めた公平原則も撤廃されて久しい。

　第三者がオンライン上で投稿したコンテンツについては、1996 年制定の通信品位法 230 条（Communication Decency Act230＝CDA230）が、プロバイダーやプラットフォーマーの広範な免責を定める。IT 産業の隆盛を招いた CDA230 は、テロリストであれ人身売買業者であれ、第三者が行った投稿について、プラットフォーマーが法的責任を負うことを認めない。プラットフォーマー自身が、社会的な批判に合わせて、自主的な適正化（Moderation）を行うだけだ。

　ただ、プラットフォーマーがネット空間で圧倒的な支配力をもつようになるにつれ、リバタリアン的な思考が優勢な米国でも、プラットフォーマーを情報の単なる媒介者として扱い、広範な免責を与え続けることに疑問の声が上がっている。

かつてプラットフォーマー側弁護士を務め、CDA230 に精通する憲法学者ジェフ・コセフは「この桁外れの免責を社会の利益のために利用していることを証明する責任がある」と述べる。

　CDA230 見直し論は議会でも広がりつつある。民主・共和両党議員が 2020 年と 2021 年の二度にわたって、プラットフォーム規制を強める Platform Accountability and Consumer Transparency（PACT 法案）を共同提案し、注目を集めた。こうした規制法案に対しては自由至上主義的な見地から、投稿削除やアカウント停止が表現の自由に反するとの反論[2]もあり、制定には至っていない。

（3）　フランスその他の国の対策

　フランスは、2017 年の仏大統領選への外国勢力の選挙介入を契機に、マクロン大統領主導で「情報操作との戦いに関する法律」を 2018 年 11 月に成立させた。同法は選挙期間中に選挙に関するフェイクニュースが流布された場合、裁判所の判断でプラットフォーマーに送信防止措置を命ずることを認める。プラットフォーマーはアルゴリズムの透明性確保、スポンサー付きコンテンツの資金源や発信元の公開、ボット対策などの協力義務を負う。

　同法は下院可決後、上院が 2 度否決し、難産の末に成立した。その後も、上院議員らが憲法評議会に提訴し、一部規定について限定解釈した上で合憲と判断されている。

　マレーシアでは 2018 年にナジブ政権下で「フェイクニュース対策法」が制定されたものの、政敵に対する恣意的な運用が懸念され、政権交代後に廃止された。

　ロシアでは前述の通り 2022 年 4 月、軍に関する「偽情報」に刑罰を科す条項が刑法に追加された。当局が偽情報と判断した情報を流布した場合、最長 15 年の禁固刑が科される。プーチンは、軍事侵攻を戦争と呼ぶことすら禁じた。プーチン政権に批判的なノーバヤ・ガゼータは活動を停止した。英 BBC のティム・デイビー会長は「独立したジャーナリズムの行為を犯罪としている」と批判した。

　2　起業家イーロン・マスクは、ツイッター社のアカウント停止は言論の自由に反すると主張し、2022 年に同社を買収して CEO となった。マスクは、停止されていたトランプのアカウントを復活させ、投稿監視を緩和する方針も表明したが、フェイクニュースの氾濫を招くと社会から強い批判を受けている。

近年のフェイクニュースに関する事象と各国の主要な対応

	フェイクニュースが関連する事象	各国のフェイクニュース関連の対応
2016	【英】独立党が「EUへの拠出金が週3億5千万ポンドに上る」と虚偽の主張を展開（6月まで） 【米】露GRU傘下の組織が、クリントン陣営のメール5万通以上を盗む（6月頃まで） 【英】国民投票でEU離脱派が勝利（6/23） 【米】WikiLeaksがクリントン陣営選対委員長のメール2000通以上を暴露(10月) 【日】DeNAの医療サイトWELQに医学的に問題のある記事が多数掲載（11月まで） 【米】クリントン陣営が児童買春を行っていると信じた男が、拠点とされたピザ店で銃撃（12月）	【EU】ハイブリッド脅威に対するコミュニケを発表（6月） 【米】国家安全保障省などが「アメリカの市民や組織からの電子メールの近時の漏洩は、露政府の指示によるものと確信」と声明(10月) 【米】大統領選介入を目的としてサイバー攻撃をしかけたとして露外交官35人を追放（12月）
2017	【米】トランプ大統領就任式の聴衆が史上最多だったとの発表に疑義がでると、大統領顧問が「もう一つの事実だ」と発言（2月） 【仏】大統領選前に、露系メディアが「マクロンは米金融業界の手先」と報道、SNSでも拡散（5月まで）	【EU】HLEGを設置（5月） 【独】SNS執行法（NetzDG）成立（6月） 【米】上下両院のロシアンゲート公聴会（10月）
2018	【米】CAがFBユーザー8700万人分の個人データを不正取得していたことが発覚(3月) 【米】サイバー攻撃による、FBユーザー2900万人の個人データ流出が判明（10月） 【仏】露政府が関与すると見られるアカウントが、黄色ベストデモを扇動（12月頃まで）	【EU】HLEGが最終報告書（3月） 【EU】偽情報対策に関する政策文書公表（4月） 【EU】行動規範を発表（9月） 【米】特別検察官が、民主党関係者メールハッキングなどで露の複数の法人・個人を起訴（7月） 【仏】「情報操作との戦いに関する法律」成立（11月） 【米】サイバー・インフラセキュリティ庁設置法成立（11月）
2019	【NZ】クライストチャーチのモスクで乱射テロ（3月） 【EU】欧議会選で、露が右翼陣営を支援する情報を拡散（5月まで） 【日】常磐道あおり運転事件の「ガラケー女」の身元に関する虚偽情報がSNSで拡散（8月）	【NZ】テロリストのネット利用防止ための措置を講じることを約したクライストチャーチコール発表（5月） 【マレーシア】政権交代後に、ナジブ前政権が定めたフェイクニュース法廃止を可決（10月） 【米】Twitterが全世界で政治広告禁止（11月）
2020	【台湾】総統選期間中、蔡英文が学歴詐称しているとする情報が拡散（1月） 【米】トランプが大統領選後、「不法な投票で選挙が盗まれた」と声明（11月）	【日】総務省「プラットフォームサービスに関する研究会」最終報告書（2月） 【日】特定デジタルプラットフォームの透明性及び公正性の向上に関する法律成立（5月）
2021	【米】トランプ支持者が米連邦議会を襲撃（1月）	【日】改正プロバイダー責任制限法成立（4月）
2022	【ウクライナ】東部で露系住民が弾圧されたと露が虚偽情報。住民保護名目でウクライナ侵攻（2月） 【露】露軍に関する「虚偽報道」処罰法施行（3月）	【EU】DSA最終案決定（4月） 【米】グーグルが露系メディアのニュース提供停止（3月） 【EU】DSA最終案承認（10月）

三菱総研「諸外国におけるフェイクニュース及び偽情報への対応」(2019)などを元に、筆者作成

3．日本のフェイクニュース対策

　日本国憲法は、その成立の経緯から米国の独立宣言や憲法修正 1 条の思想を色濃く反映し、表現の自由を幅広く認める。言論の内容そのものの法規制は困難だと解される。オンラインのフェイクニュースに特化した規制法もない。刑法などの一般的な法規制がオンライン上の表現にも適用される。

　オンラインで誹謗中傷などの違法投稿がなされた場合のプラットフォームの責任については、プロバイダー責任制限法が規定する。同法でいうプロバイダー（特定電気通信役務提供者）は、不特定多数の者によって受信されることを目的とする通信サービスを提供する者を指し、SNS 等を運営するメディアプラットフォーマーに限らない。

　プロバイダーが、第三者の投稿による権利侵害に責任を負うのは①情報の流通によって他人の権利が侵害されているのを知っているとき、または②その情報の存在を知り、その情報によって他人の権利が侵害されていることを知ることができたと認めるに足りる相当な理由があるときであって、かつ情報の送信を防止することが技術的に可能な場合に限られる（同法 3 条）。

　プロバイダーは概して匿名の誹謗中傷の情報発信者の身元開示に消極的であり、裁判外で発信者情報の開示に応じることはほぼない。ときには加害者の擁護者のように振る舞っていると批判される。2020 年、女子プロレスラーの木村花さんがSNS で誹謗中傷にさらさら、自殺に追いやられる事件が起きた。悲劇の再発防止を求める世論に押され、政府は翌 2021 年に同法を改正し、発信者の特定と投稿削除の要求に非訟手続[3]で迅速に対応する道を開いた。

　フェイクニュース一般への対策については、総務省の「プラットフォームサービスに関する研究会」が 2020 年 2 月に最終報告書をまとめた。報告書は「表現の自由の重要性等に鑑み、まずは民間部門における自主的な取組」を基本原則とするとして、プラットフォーマーの自主的な対応に委ねる方針を示す。

　今後はフェイクニュースや偽情報の実態調査を行った上で、関係者で構成するフォーラムを設置し、フェイクニュースや偽情報の実態や関係者の取り組みの状

　3　非訟手続は、公開法廷での訴訟当事者の対決を前提とする訴訟手続と異なり、裁判所が柔軟な手続きで審理、決定を行うことができる。

況を共有し、継続検討するとした。ただ、日本にはＤＳＡに相当する法令はないため、研究会が巨大ＩＴの担当者を呼んでヒアリングしても、国内で削除したコンテンツ数など基本的な情報すら答えてもらえないことが多いという。

　海外 IT 企業の多くは、電気通信事業者として日本で届け出を行っていながら、会社法で定められた法人登記をしてこなかった。メタ、ツイッターが登記に応じたのは、この問題がマスメディアでも取り上げられ、厳しい視線が注がれるようになった 2022 年 8 月のことだ。

　登記がなされていないと、ネットで誹謗中傷を受けた被害者は、海外本社の住所などを調べて訴状を送らなければならず、負担が大きい。政府の再三の要請にも関わらず、7 社は「登記しない」とこたえた。IT 企業に、率先して法令を遵守しようという姿勢はみられない。

　総務省の研究会報告は、偽情報の拡散防止に効果がない場合、「プラットフォーム事業者に対する行動規範の策定や対応状況の報告・公表など、行政からの一定の関与も視野に入れて検討を行うことが適当である」と結び、将来的な公的関与の可能性を示唆したが、その必要性は高い。

　日本では今のところ、外国勢力の選挙介入は顕在化していない。日本語というローカル言語の壁に守られてきたためか、外国勢力の世論操作に対する政府の危機感も薄い。サイバーセキュリティ基本法 19 条が「国は、サイバーセキュリティに関する事象のうち我が国の安全に重大な影響を及ぼすおそれがあるものへの対応について、関係機関における体制の充実強化並びに関係機関相互の連携強化及び役割分担の明確化を図るために必要な施策を講ずるものとする」と抽象的な規定をおくにとどまる。

第17章　おわりに

　みずほ情報総研（現みずほリサーチ＆テクノロジーズ）の 2020 年の調査によれば、一般論として SNS の情報を信用している人は 14.7％にとどまる。それなのに、陰謀論などフェイクニュースを信じる人が少なくないのは、SNS の技術的特性と人間の認知バイアスのためである。エコーチェンバーに隔離された人々は、アルゴリズムが提示する情報に染まっていく。しかし、アルゴリズムは過去の個人データを参照しているだけで、必ずしも正しい情報を提供してくれるわけではない。

　SNS は、ユーザーのアプリの滞在時間を最大化するために個々人の関心にカスタマイズした情報を提供する。クリックを誘引し、広告接触機会を増やすのが狙いである。広告を主力事業するメディアプラットフォーマーの構造的問題として、正確さより閲覧数を稼げる情報が優先されやすいのは否めない。

　投稿する企業・個人も事情は同じだ。2016 年末、DeNA が運営する医療サイト「ウェルク（WELQ）」に誤った記事が多数掲載され、大きな社会問題となった。人の生死を左右しかねない医療記事にも関わらず、同社は医療の素人の外部ライターに低コストで大量の記事を発注した。結果として、信用性の低いネット情報のコピペ記事が粗製乱造された。アクセス数を稼ぐため、正確さより SEO（Search Engine Optimization＝検索エンジン最適化）を重視する姿勢も問われた。企業に法令遵守や正確な情報を提供しようとするインセンティブが低い場合、外部からインセンティブを与えることが必要になる。

　もちろん、表現の自由の第一の意義は「国家からの自由」にある。中国の金盾工程のような情報検閲システムをとることは許されない。国家による表現の自由の規制は最小限とし、国家が「真実の裁定者」となることは避けなければならない。

　民主政の政治過程を正常に機能させるには、フェイクニュースを出来るだけ低減させ、より正確な情報を提供することが望ましいが、ファクトチェックも、ニュース・リテラシー教育も、それ単独ではフェイクニュースを止めることはできない。これまでの実績・成果を見れば明らかだ。

思想の自由市場論は、人間の合理的な判断を前提にしているが、実際の人間は認知バイアスだらけである。規範論から、情報空間の理想像を語っても現実味がない。

　多数の関係者の利害が複雑に絡みあった世界で「何が真実か」を確定させるのは難しい。だが、「事実の裏付けのない陰謀論」や「真っ赤な嘘」を指摘することは可能だ。事実確認が容易な情報だけに限ったとしても、適切なモデレーションを行うことは重要だろう。

　さまざまなフェイクニュース対策が提案され、試行錯誤が続くが、まずは行動規範を通じてメディアプラットフォームに社会的責任を自覚させることが重要な一歩になる。膨大な情報がグローバルに飛び交うネット空間で、プラットフォーマー以外に適切なモデレーションを行える主体はない。EU の DSA が実効的にフェイクニュースを低減させることができるのか。新たな試みの成否が注目される。

　現在の AI には、投稿コンテンツの自動的なモデレーションは荷が重いとの指摘もある。AI が苦手とする文脈による判断が必要な情報は、人間の目で補完することが必要だろう。低コストで膨大な利益を積み上げてきたプラットフォーマーなら不可能ではないだろう。建設的な言論空間を再構築するため、プラットフォーマーに透明性と公平性を兼ね備えたモデレーションを行うインセンティブを与える適切な仕組みを考え、改善していくことが重要である。

付録　就活と企業研究

1. 企業研究

　就活生にとって、企業研究は一大事である。社会人経験のない大学生は、そもそも超有名企業か、身近な小売りや外食、旅行、ホテルなど B to C（Business to Consumer）企業しか知らないのが普通だろう。

　国内には 2021 年 6 月時点で、367 万 4000 社の企業がある。上場企業だけでも約 3800 社だ。全部調べるのは無理だし、その必要もない。

　まずは日経や東洋経済が出版する「業界地図」を読んで、世の中にどんな産業や業界があり、どの企業が有力なのか、大まかな知識を仕入れることから始めるのがいい。

　B to B（Business to Business）分野には今まで知らなかった業界が多々あるだろう。信越化学、村田製作所、キーエンスなど世界有数の大企業であっても、「社名を聞いたことがない」という学生がいるかも知れない。

　しかし、知らないからといって検討対象から外すべきではない。業界地図を読み、その企業が扱っている商品やサービスに少しでも興味を持てたら、さらに調べてみる価値がある。業界地図を二、三度読んでみて、その業界や企業に全く興味が持てないなら、縁がなかったのだろう。業界地図と、就職四季報の前半部分は就活生必読といえる。

　新聞は、個別企業の情報が充実している日経が一番いい。志望業種にもよるが、就活生なら、マクロ経済に関するニュースは GDP 速報、日銀短観、求人倍率、日経平均株価や円ドルレートの大まかな水準を抑えておけば十分だ。これらの重要指標はたいてい一面に載る。景況感が悪化すると、業種によっては採用人数が絞られる。今は売り手市場なのか、買い手市場なのか、全般的な傾向を知ることができる。

　不況への耐性は、業種や個別企業によって異なる。食料品や医薬品は不況でも需要は急減しない。好不況に関わらず、人は食事をするし、病気にもなる。一方、外食、海運、産業用機械などは景気の影響を受けやすい。

　日経電子版は、興味のある企業名を登録すると、その企業に関連する新着ニュー

スを教えてくれる。インターンシップや面接の前に、過去3ヶ月分ぐらいのニュースを見ておくといい。

　個別企業の業績は、日経では欄外に「ビジネス1」「ビジネス2」「投資情報」と書かれた中面に載る。読売、朝日などの一般紙は、やはり中面の「経済」面に掲載される。掲載される企業数は少ないが、決算集中時期には、各業界の主要企業決算が出揃うたびに「まとめ記事」が掲載される。日経よりも記述が平易でコンパクトだ。業界の大まかな動向を知り、複数の企業業績を比較するには便利である。新聞を購読していなければ、図書館のデータベースを使う手もある。

　就活の第一歩はオファー型を除き、エントリーシート（ES）提出である。数千人の応募が殺到する超人気企業は大学名を確かめるためにしか使っていないと言われるが、多くの企業は応募者の「足切り」だけでなく、面接の質問を考える手掛かりとしても活用している。

　企業サイドからすると、業界や企業をあまりにも知らない就活生に会うと、がっかりする。運よく面接に進んでも「志望度が低い」と判断されて、はじかれる可能性が高い。志望度の高い企業については、個別企業の研究をしっかりする必要がある。

　一次面接の担当者が最も大事にしている視点は、数年後に一緒に働きたい人かどうかだ。企業の活動の多くはチームプレーで成り立つ。コミュニケーションの取れない人、誠実でない人と働きたいと思う人はいない。

　人事の専門家は近年、コンピテンシー（Competency）採用という言葉をよく口にする。コンピテンシーは、特定の業務で優れた業績を残す人に共通してみられる行動特性のことだ。コンピテンシーの中身は企業や職務内容によって違うはずだが、メンバーシップ型採用が多い日本では、すべての業務に共通して求められる能力や気質（経産省は社会人基礎力と呼ぶ）が重視される。

　面接評価シートには、学生の積極性、協調性、課題発見能力・解決能力、主体性、リーダーシップ、責任感など多様な項目が並ぶが、企業が文系学生に求めるものは煎じ詰めると、次の二つだけである。

　①その企業の仕事をこなせるか。
　②企業の一員として仲間と上手くやっていけるかどうか。

　従って面接では、①業務をこなせる能力②チームの仲間と協調して業務を着実にこなせる、とアピールする必要がある。

　「私の強みは、何事にも粘り強く取り組んで成果を出せることです」と一般論を語っても、説得力はない。本当かどうか判断する材料がないので、面接官が共感することもない。過去の体験・エピソードを挙げて、粘り強い性格であることを印象づけ、実際にどのような成果を上げたのか、具体的かつ説得力をもって語れるかどうかが内定のカギになる。

　志望度の高い企業については、近年の業績もチェックしておきたい。企業の活動は四半期ごとに、財務諸表と呼ばれる決算書類に記録される。特に企業の1年間の通信簿である本決算が重要だ。決算とは、年間、半年、四半期ごとの売上高や利益などの企業の経営成績と、資産や負債の現状を計算して公表することだ。

　財務諸表には、お金の調達源泉と用途を示す貸借対照表（Balance Sheet=BS）、投資や借金返済など現金の流れを示すキャッシュフロー計算書（Cash Flow=CF）、企業活動でどれだけの売上と利益があったのかを示す損益計算書（Profit and Loss=PL）の3種類がある。財務3表とも総称される。

　就活のことを考えれば、キャッシュフロー計算書のことは知らなくてもいいが、貸借対照表と損益計算書について概略を知っておくと、企業がどのように活動しているのか理解が深まる。入社した後も役に立つだろう。

　企業業績は、単年度だけみても偶発的な特殊要因によるブレが大きい。過去の売上高や経常利益は安定しているか、自己資本は十分か。10年ぐらいの中長期的な動向を見ておけば万全だ。

　企業規模は、経営の安定性の点で重要だ。過大な借金を抱えていない限り、規模の大きさは、想定外の事態に対するバッファーとなる可能性が高い。もっとも、中小企業でもニッチな分野で高いシェアを誇り、自己資本の厚い企業なら安心できる。

　女性の場合は、働き続けやすい職場環境であるかも重要だ。3年間離職率、女性の勤続年数は必ずチェックしたい。

２．財務諸表

　企業の目的は利益を上げることにある。どんな業種でも、これは変わらない。

事業を始めるには開業資金を集め、店舗や生産設備を購入するなどの投資を行い、売り上げを伸ばし、コストを管理して利益を挙げないかぎり、企業は存続できない。

　こうした一連の企業活動は、財務諸表（貸借対照表、損益計算書、キャッシュフロー計算書）の数字として記録される。決算の基準日は企業によって異なるが、日本企業の約7割は3月末を決算日としている。上場企業は四半期ごとに決算を公表するが、四半期決算より本決算をみた方がいい。

(1)損益計算書

　損益計算書は、会計期間内に、その企業が利益を挙げたのか、それとも損失を出したのか明らかにする企業の成績表だ。損益計算書は基本的に、会計期間中の売上高から、各種の費用を差し引いていき、残ったのが最終的な利益を示す構造になっている。損益計算書の記載順に、上から主要項目について説明する。

・売上高
　商品販売やサービス提供などの企業活動によって得た総額である。
・売上原価
　商品の仕入れ原価、製造原価など営業のため直接必要な費用である。
・売上総利益（粗利益）
　売上高から売上原価を差し引いた金額である。
・販売費及び一般管理費（販管費）
　営業活動や広告費用などのほか、一般的な企業運営に必要なコストである。
・営業利益
　売上総利益から販管費を差し引いた金額が営業利益である。営業利益は本業の儲けを示し、各種利益の中でも特に重視される。
・経常利益
　営業利益に、本業以外の経常的な利益と費用を足し引きしたものである。受け取り利息や支払い利息が代表的なものだ。
・税金等調整前当期純利益
　一時的に発生する特別利益や特別損失を足し引きした金額である。不動産の

売却益、自然災害による生産設備の被害などが考えられる。
・親会社株主に帰属する当期純利益
　税金等調整前当期純利益から各種税金を差し引いた金額で、最終的に会社に
　残る利益を示している。

（2）貸借対照表
　貸借対照表は、企業が営業に必要なお金をどのように調達し、どのような形の
資産に変えて運用しているかを示す。企業の安全性を分析する際に有用な情報だ。
　貸借対照表は通常、左右に分かれて表示され、左右の金額が必ずバランスする
ことから、バランスシートと呼ばれる。
　右側は資金の調達源泉を示している。「負債の部」は企業の借金であり、「純資
産の部」は株主の出資金や企業が事業活動で蓄えた利益であり、会社を精算しな
い限り返済の必要はない。

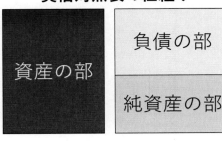

貸借対照表の仕組み

　左側の「資産の部」は、企業が
保有する全ての資産が、どのよう
な形で保有されているかを示して
いる。基本的に上から順に、すぐ
に現金化しやすい資産が並んでい
る。企業の安全性を評価する上で
重要なのが自己資本比率で、以下
の式で計算できる。

　　自己資本比率＝自己資本÷総資産

　企業は損失を出したたり、債務超過（純資産がマイナス）になったりしただけ
では倒産しない。借金が返済できなくなったときに破綻する。通常は半年以内に
二度の不渡り手形を出すと銀行取引が停止し、破綻となる。ただし、一度でも不
渡り手形を出すと、企業の信用を著しく毀損するので、事業継続は難しくなると
いわれる。

（3）キャッシュフロー計算書

　キャッシュフロー計算書の項目概要は以下の通りだが、就活だけを考えれば必要ない。興味があれば、週間東洋経済の財務諸表特集などを読んでみることを勧める。

　　・営業キャッシュフロー
　　　通常の業務での資金の流れを示す。本業で利益を上げていれば、プラスになる。
　　・投資キャッシュフロー
　　　企業がどのくらい投資におカネを使い、資金を回収しているかを示す。積極的に先行投資をしていれば、好業績でも投資キャッシュフローがマイナスになることがある。
　　・財務キャッシュフロー
　　　借り入れによる資金流入がどのくらいあり、配当などによる資金流出がどれくらいあるか示す。

主要な引用・参考文献

本書全般

　大石裕・岩田温・藤田真文「現代ニュース論」（有斐閣アルマ 2006）

　ジャック・アタリ（林昌宏訳）「メディアの未来」（プレジデント社 2021）

　浜田純一・田島泰彦・桂敬一「新訂　新聞学」（日本評論社 2009）

　樋口陽一・吉田善明編「解説　世界憲法集　第 4 版」（三省堂 2001）

　藤代裕之編著「フェイクニュースの生態系」（青弓社 2021）

　渡辺武達・金山勉・野原仁「メディア用語基本事典　第 2 版」（世界思想社
　2019）

　朝日新聞

　産経新聞

　日本経済新聞

　毎日新聞

　読売新聞

　外務省報道発表資料

　https://www.mofa.go.jp/mofaj/press/release/index.html

　BBC NEWS https://www.bbc.com/news/uk

第 1 章　フェイクニュースの氾濫

　一田和樹「フェイクニュース　新しい戦略兵器」（角川新書 2018）

　烏賀陽弘道「フェイクニュースの見分け方」（新潮新書 2017）

　総務省「情報通信白書」（2015）

　福田直子「デジタル・ポピュリズム　操作される世論と民主主義」（集英社
　新書 2018）

　読売新聞社国際部「トランプ劇場」（中央公論新社 2016）

第 2 章　SNS 時代のメディアリテラシー

　イーライ・パリサー（井口耕二訳）「フィルターバブル　インターネットが
　隠していること」（早川書房 2016）

坂本旬「メディアリテラシーを学ぶ　ポスト真実世界のディストピアを超えて」（大月書店 2022）

新聞通信調査会「メディアに関する世論調査」（2021）

菅谷明子「メディア・リテラシー」（岩波新書 2000）

総務省「社会課題解決のための新たな ICT サービス・技術への人々の意識に関する調査研究」（2015）

第3章　ニュースとニュース価値

天野勝文・橋場義之「新現場からみた新聞学」（学文社 2008）

長谷川一・村田麻里子「大学生のためのメディアリテラシー・トレーニング」（三省堂 2015）

藤竹暁・竹下俊郎「図説　日本のメディア新版」（NHK ブックス 2021）

読売新聞調査研究本部「実践ジャーナリズム読本　新聞づくりの現場から」（中央公論新社 2002）

第4章　新聞の構成と読み方

池上彰「情報を生かす力」（PHP ビジネス新書 2016）

外山滋比古「新聞大学」（扶桑社 2016）

松林薫「新聞の正しい読み方」（NTT 出版 2016）

第5章　3.11 東日本大震災

石巻日日新聞編「6 枚の壁新聞」（角川 SSC 新書 2011）

丹羽美之・藤田真文編「メディアが震えた　テレビ・ラジオと東日本大震災」（東京大学出版会 2013）

総務省「災害時における情報通信の在り方に関する調査」（2012）

村上春樹「アンダーグラウンド」（講談社文庫 1999）

読売新聞社「記者は何かみたか　3・11 東日本大震災」（中公文庫 2014）

山田健太「3.11 とメディア　新聞・テレビ・WEB は何をどう伝えたか」（トランスビュー 2013）

矢守克也「『津波てんでんこ』の 4 つの意味」（自然災害科学第 31 巻 2012）

第6章　震災記憶と原発報道

　　国土地理院「チリ地震津波報告書」(1961)

　　佐藤卓己「流言のメディア史」(岩波新書 2019)

　　佐藤卓己「メディア論の名著」(ちくま新書 2020)

　　添田孝史「原発と大津波　警告を葬った人々」(岩波新書 2014)

　　巽好幸「地震と噴火は必ず起こる　大変動列島に住むということ」(新潮選書 2012)

　　山口大学時間学研究所「時間学の構築 I 防災と時間」(恒星社厚生閣 2015)

第7章　メディアの理論

　　アドルフ・ヒトラー (平野一郎・将積茂訳)「わが闘争 (上・下)」(角川文庫 1973)

　　稲増一憲「マスメディアとは何か　影響力の正体」(中公新書 2022)

　　ウォルター・リップマン (掛川トミ子訳)「世論 (上・下)」(岩波新書 1987)

　　前川道介「炎と闇の帝国：ゲッベルスとその妻マクダ」(白水社 1995)

　　山腰修三編著「入門メディアコミュニケーション」(慶応義塾大学出版会 2017)

第8章　メディアの歴史

　　川端和治「放送の自由　その公共性を問う」(岩波新書 2019)

　　高橋康雄「メディアの曙」(日本経済新聞社 1994)

　　田村紀雄・林利隆・大井眞二編「現代ジャーナリズムを学ぶ人のために」(世界思想社 2004)

　　浜田純一・田島泰彦・桂敬一編「新訂　新聞学」(日本評論社 2009)

　　仲川秀樹・塚越孝「メディアとジャーナリズムの理論　基礎理論から実践的なジャーナリズム論へ」(同友館 2011)

　　山本武利編「新聞・雑誌・出版」(ミネルヴァ書房 2005)

　　早稲田大学ジャーナリズム教育研究所編「エンサイクロペディア　現代ジャーナリズム」(早稲田大学出版部 2013)

第 9 章　誤報と虚報

徳山喜雄「『朝日新聞』問題 」（集英社新書 2015）

西村幸祐監修「朝日新聞『大崩壊』」（イースト・プレス 2014）

林えいだい「清算されない昭和史」（岩波書店 1990）

朝日新聞縮刷版 1989（4）、1989（5）、2014（8）、2014（12）

朝日新聞社慰安婦報道第三者委員会「報告書」（2014）

毎日新聞縮刷版平成元年 6 月号

読売新聞縮刷版 1989 8 月号、1994 3 月号、1994 6 月号、2012 10 月号

第 10 章　陰謀論と米議会襲撃

朝日新聞朝刊連載「Q を追う　陰謀論集団の正体」（2022 年 3〜4 月、全 19 回）

高岡望「アメリカの大問題　百年に一度の転換点に立つ大国」（PHP 新書 2016）

マイケル・サンデル（鬼澤忍訳）「実力も運のうち　能力主義は正義か」（早川書房 2021）

森本あんり「反知性主義　アメリカが生んだ熱病の正体」（新潮選書 2015）

水島治郎「ポピュリズムとは何か　民主主義の敵か、改革の希望か」（中公新書 2016）

OECD Data, https://data.oecd.org/inequality/income-inequality.htm

Pew Research Center, The shift in the American public's political values,1994-2017.

Ireton, Cherilyn, and Julie Posetti, Journalism, fake news & disinformation: handbook for journalism education and training, Unesco Publishing, 2018.

第 11 章　フェイクニュースの定義と歴史

清原聖子編著「フェイクニュースに震撼する民主主義　日米韓の国際比較研究」（大学教育出版 2019）

笹原和俊「フェイクニュースを科学する」（化学同人社 2018）

総務省情報通信政策研究所「情報通信メディアの利用時間と情報行動に関する調査」(2020)

日本新聞協会「取材と報道　改訂5版」(日本新聞協会 2018)

廣瀬陽子「ハイブリッド戦争　ロシアの新しい国家戦略」(講談社現代新書 2021)

European Commission, A multi-dimensional approach to disinformation: report of the independent High level Group on fake news and online disinformation, Publications Office, 2018.

第12章　情報生態系の汚染

林香里「メディア不信」(岩波新書 2017)

藤代裕之編著「フェイクニュースの生態系」(青弓社 2021)

Sam Wineburg & Sarah McGrew, Lateral Reading and the Nature of Expertise: Reading Less and Learning More When Evaluating Digital Information, 2018.
https://purl.stanford.edu/yk133ht8603

Soroush Vosoughi, Deb Roy, Sinan Aral, The spread of true and false news online, 2017.
https://ide.mit.edu/sites/default/files/publications/2017%20IDE%20Research%20Brief%20False%20News.pdf

Yochai Benkler, Robert Farris, Hal Roberts「Network Propaganda: Manipulation, Disinformation, and Radicalization in American Politics」(Oxford University Press 2018)

第13章　英国メディア

江尻進・渡辺忠恕・阪田秀「ヨーロッパの新聞(上)」(日本新聞協会 1983)

君塚直隆「エリザベス女王-史上最長・最強のイギリス君主」(中公新書 2020)

小林恭子「英国メディア史」(中公選書 2011)

村上直之「改訂版　近代ジャーナリズムの誕生　イギリス犯罪報道の社会史から」(現代人文社 2010)

第14章　中露のメディア

　小寺敦之編「世界のメディア　グローバル時代における多様性」（春風社 2018）

　梶谷懐・高口康太「幸福な監視国家・中国」（NHK 出版 2019）

　古畑康雄「習近平時代のネット社会」（勉誠出版 2016）

　ふるまいよしこ「中国メディア戦争」（NHK 出版 2016）

第15章　メディアと法

　芦部信喜「憲法第5版」（岩波書店 2012）

　尾高朝雄「法の窮極に在るもの　新版」（有斐閣 1965）

　蒲島郁夫・竹下俊郎・芹川洋一「メディアと政治　改訂版」（有斐閣アルマ 2010）

　フレッド・S・シーバート、セオドア・A・ピータースン、ウィルバー・シュラム（内川芳美訳）「マス・コミの自由に関する四理論（Four Theories of the Press）」（創元新社 1953）

　山田健太「法とジャーナリズム　第4版」（勁草書房 2021）

第16章　各国のフェイクニュース対策

　生貝直人「情報社会と共同規制　インターネット政策の国際比較制度研究」（勁草書房 2011）

　キャス・サスティーン（伊達尚美訳）「＃ Republic」（勁草書房 2018）

　小向太郎「情報法入門　デジタル・ネットワークの法律第4版」（NTT 出版 2015）

　笹川平和財団「外国からのディスインフォメーションに備えを！　サイバー空間の情報操作の脅威～」（2022）

　ジェフ・コセフ（小田嶋由美子訳）「ネット企業はなぜ免責されるのか　言論の自由と通信品位法230条」（みすず書房 2011）

　総務省「プラットフォームサービスに関する研究会　最終報告書」（2020）

　成原慧「表現の自由とアーキテクチャ」（勁草書房 2016）

　ポール・ラザースフェルド、ヘーゼル・ゴーデット、バーナード・ベレル

ソン（有吉広介訳）「ピープルズ・チョイス―アメリカ人と大統領選挙」（芦書房 1987）

三菱総合研究所「諸外国におけるフェイクニュース及び偽情報への対応」（2019）

https://www.consilium.europa.eu/en/press/press-releases/2022/10/04/dsa-council-gives-final-approval-to-the-protection-of-users-rights-online/

第 17 章　おわりに

ハンナ・フライ（森嶋マリ訳）「アルゴリズムの時代　機械が決定する世界をどう生きるか」（文藝春秋社 2021）

付録　就活と企業研究

國貞克則「財務 3 表一体理解法」（朝日新書 2007）

國貞克則「財務 3 表一体分析法」（朝日新書 2009）

古田克利「キャリアデザイン入門　自分を探し、自分をつくる」（ナカニシヤ出版 2021）

メディアとジャーナリズム

2023年2月20日　　初版発行

著　者　　手賀　洋一

発行所　　株式会社　三恵社
〒462-0056 愛知県名古屋市北区中丸町2-24-1
TEL 052 (915) 5211
FAX 052 (915) 5019
URL http://www.sankeisha.com

ISBN978-4-86693-723-6